パーフェクトレッスンブック

ソフトボール
基本と戦術

PERFECT LESSON BOOK

監修 **佐藤理恵**（東京女子体育大学ソフトボール部監督／北京オリンピック金メダリスト）

実業之日本社

「はじめに」に代えて

　本書を手に取ってくださった方は、きっとソフトボールが大好きで、もっとうまくなりたいと思っている方だと思います。私も小さなときからソフトボールが大好きでした。大好きの延長線上で続けていたら、北京オリンピックの金メダルまでたどりつきました。そして、いまは東京女子体育大学でソフトボール部の監督を務めています。私のソフトボールとの関わりを「はじめに」の言葉に代えて紹介したいと思います。

　私がソフトボールを始めたのは小学3年生のときでした。父親が野球好きだった影響もあって、物心ついたときからボールを投げたり捕ったりするのが大好き。部屋にいても天井ぎりぎりにボールを投げて遊んでいるよ

　うな子どもでした。運動神経もわりと良くて小学生のときは6年間リレー選手。所属していたクラブチーム(高島平ランナーズ)では主にショートを守っていました。
　中学校(板橋区立高島第2中学校)でもソフトボールを続けたかったのですが、何と部がありません。そこで小学校時代の仲間と一緒に「部をつくってください」とお願いにいきました。そんな私たちを見た野球部の監督が「おれがやってやる!」とソフトボール部の監督も兼任してくれることになったのです。1年生が9人。ひとつ上の姉を含めて2年生が3人の12人からのスタート。監督の厳しい指導のおかげで基礎がしっかりできた私たちのチームは、創部2年目で都大会に優勝。創部2年目での全国大会出場はかなり注目されました。

高校を選ぶときの目標はインターハイ出場でした。様々な学校の中から私が選んだのは、埼玉県川越市にあった星野高校でした。インターハイや選抜での優勝経験もある強豪校です。同期は13人。私以外はすべてピッチャー経験者でした。みんな才能がある選手ばかりで競争は激しかったのですが、私は内野も外野もできるユーティリティプレイヤーとして高校2年のときにインターハイ優勝。最初の夢が叶ったのです。

卒業後の進路については、実業団か大学か迷いましたが、将来、指導者になりたいという気持ちが芽生えていたので東京女子体育大学に進みました。ここも大学では屈指の強豪校。1年生のときは控えメンバーでバット引きばっかりやっていました。そして2年でレギュラーになり、4年のときはキャプテンに選ばれました。

大学時代まで私が得意だったのは守備でした。それまでは主に2番バッターとして細かいことばかりやっていましたが、4年でキャプテンを任せられて「長打も打てる1番バッターになれ！」と言われてから、バッティングフォームを変えてホームランも打てるようになりました。4年時のインカレで放った4本のホームラン記録はいまでも残っています。

卒業後は実業団のレオパレスに進みました。このときの目標は日本代表としてオリンピックに出場することでした。私は2004年のアテネオリンピックで何とか代表チームに入り込むことができましたが、力不足で代走だけの出場に終りました。チームは銅メダルでしたが、メダルを獲得したことでソフトボールは一躍注目を集めるようになったのです。

次の目標は北京オリンピックです。2006年に開催された一次合宿は100人くらい招集され厳しいものでした。そこから削って削って最終的に17人が選ばれ、その中に私も残ることができました。私は実業団ではずっとショートをやっていましたが、オリンピックチームでフォーメションを組み直すときに「ファーストをやりなさい」ということになりました。そのため、2008年開催のオリンピックチームでは5番ファーストで出場、金メダルを取ることができました。大きな夢が叶った瞬間でした。

　オリンピック後は、競技を続ける、競技を辞めるの２択で迷いましたが、私にはもうひとつ昔からの夢がありました。それが「指導者の道を進む」ということです。全日本のメンバーで北京後に競技を辞めたのは私ひとりでしたが、まったく後悔はありませんでした。2009年には母校に戻って教員として7年間コーチを続けて、2016年から監督に就任していまに至ります。

　本学には毎年20名を越える新入生が入ってきます。私と同様に小さな頃からソフトボールが好きで、中学・高校と厳しい競争を勝ち抜いてきた選手たちです。いずれも才能豊かな選手たちですが、その中でもやっぱり伸びるのは、初期の段階で基本をしっかり学んできた選手といえます。本書では難しい指導法を紹介しているわけではありません。本書を参考に、ソフトボールの基本をしっかりと身につけてもらえたら幸いです。

佐藤理恵
（東京女子体育大学ソフトボール部監督）

目次

2 「はじめに」に代えて

12 **第1章 打つ　バッティング**

14 **構え方の基本**　どんな球種にも対応できる自然体で構える

16 **スタンスとバットの握り方**
オープンスタンスとクローズドスタンス

18 **レベルスイング**　ボールを正確に捕えやすい基本スイング

20 **レベルスイングのポイント**　水平に振り抜くコツ

22 **ダウンスイング**
ライズボールには上から下のスイングで対応

24 **ダウンスイングのポイント**
ボールを叩きつけるのに適したダウンスイング

26 **アッパースイング**
ドロップボールにはアッパースイングで対応

28 **アッパースイングのポイント**
パワーを一気に放出するフォームで打つ

30 **ホームランを狙おう**　ボールを遠くに飛ばす

32 **ヒットを打とう**　確実にボールをミートする

CONTENTS

34 **右方向に進塁打を打つ**
流して打つテクニックをマスターしよう

36 **叩きつけて走者を進める**　高く弾む打球で進塁打を打つ

38 **スラップ**　一塁に走りながら打つソフトボール特有の打法

40 **インコースの打ち方**　引っ張って打つコツ

42 **アウトコースの打ち方**　流して打つコツ

44 **バントの基本**　確実に走者を進める犠牲バント

46 **犠牲バント**　一塁側と三塁側に転がす

48 **セーフティバント**　左打者が三塁側に転がす

50 **プッシュバントとバスターバント**
右打者のバントテクニック

52 **バッティング練習法**　トスバッティング

53 **バッティング練習法**　ティーバッティング（基本形）

54 **バッティング練習法**　ティーバッティング（逆手打ち）

55 **バッティング練習法**
ティーバッティング（腰を回転させずに打つ）

目次

- 56 **バッティング練習法**
  ティーバッティング（利き手で片手打ち）

- 57 **バッティング練習法**
  ティーバッティング（非利き手で片手打ち）

- 58 **バッティング練習法**
  ティーバッティング（クローズドスタンスで打つ）

- 59 **バッティング練習法**
  ティーバッティング（スクワットを入れて打つ）

- 60 **バッティング練習法**　ティーバッティング（スウェー矯正）
- 61 **バッティング練習法**　ティーバッティング（引っ張りと流し）

- 62 **バッティング練習法**
  ティーバッティング（サッカーボールを打つ）

- 63 **バッティング練習法**　バント練習

- 64 第2章 **投げる　ピッチング**

- 66 **ウインドミル投法の基本①**
  ステップ1　両腕で円を描くように腕を振る

- 68 **ウインドミル投法の基本②**
  ステップ2　足の動きをつけてボールを投げてみる

CONTENTS

- 70 **ウインドミル投法の基本③** ブラッシング
- 72 **ウインドミル投法** このフォームをお手本にしよう①
- 74 **ウインドミル投法** このフォームをお手本にしよう②
- 76 **ウインドミル投法** このフォームをお手本にしよう③
- 78 **さまざまな球種を投げる** ボールの握り方
- 80 **球種を投げ分ける** スピンのかけ方でボールに変化をつける
- 82 **良い投球フォームと悪い投球フォーム** 正しいフォームで投げているかチェックしよう！
- 84 **ピッチャーの練習法** 遠投
- 86 **ピッチャーの練習法** タオルを使ったシャドーピッチング
- 88 **ピッチャーの練習法** ラバーバンドを使ったトレーニング
- 89 **ピッチャーの練習法** バランストレーニング
- 90 **ピッチャーの練習法** ライズボールのスナップ練習
- 91 **ピッチャーの練習法** ドロップボールのスナップ練習
- 92 **第3章 守る　フィールディング**
- 94 **キャッチボール** すべての基本がキャッチボールにある

目次

96 **内野手の基本**　身体の正面に来たゴロを捕球する

98 **ポジション別の守備**　キャッチャー

112 **ポジション別の守備**　ファースト

118 **ポジション別の守備**　セカンド

126 **ポジション別の守備**　サード

134 **ポジション別の守備**　ショート

144 **ポジション別の守備**　外野手

154 第4章 **走る　ベースランニング**

156 **ベースランニングの基本**　一塁への走塁

158 **ベースランニングの基本**　一塁から二塁を狙う走塁

160 **ベースランニングの基本**　一塁走者のリードオフ

162 **ベースランニングの基本**　二塁への走塁

164 **ベースランニングの基本**　ホームを狙う走塁

166 **ベースコーチの役割**　走者に的確な指示を出す

167 **ベースコーチの役割**　本塁に還ってくる走者に指示を出す

CONTENTS

168 **第5章** 連携　チームプレイ

170 チームプレイ　基本の守備位置

172 チームプレイ　走者をおいたときの基本的な守備位置

174 チームプレイ　走者一塁からバント

178 チームプレイ　走者二塁からバント

182 チームプレイ　走者一・二塁からの進塁打

186 チームプレイ
走者二塁からセンター前ヒットでバックホーム（中継なし）

188 チームプレイ
走者二塁からセンター前ヒットでバックホーム（中継あり）

190 チームプレイ　走者三塁から外野フライでバックホーム

192 チームプレイ　走者三塁からのヒットエンドラン

196 チームプレイ　走者一・三塁からのカットプレイ

200 チームプレイ　ファーストのバント守備

202 チームプレイ　サードのバント守備

204 ソフトボールの用具等　補足として

第1章
打つ
バッティング

バッティングは本来、楽しくて気持ちいいものです。また同時に、ソフトボールは点を取らなければ試合に勝つことはできません。大切なのはそれぞれの状況に応じたバッティングができることです。この章では、バッティングの基本から応用、練習法まで「打つ」技術の基礎を学んでいくことにしましょう。

構え方の基本

どんな球種にも対応できる自然体で構える

ストライクゾーン ストライクゾーンは、バッターのわきの下からひざまでのエリア。ワンバウンドする前にボールの一部がこのエリアを通過すると、ストライクになる

「打ちそうだな！」と思われる構え方をしよう

　構えたときのポイントは、スキのないフォームで立つことです。構えたときに「あぁ、このバッター打ちそうだな」と相手に思われるのがいい構え。

　重要なポイントは「バランス」です。

自分の体重を拇指球で支えられる楽な体勢がベスト。力を抜いた自然体で構えるようにしましょう。

　もうひとつのポイントは、両目でしっかりとピッチャーを見ることです。オープンスタンスやクローズドスタンス（16ページ）なども試して、自分に合った構えを見つけましょう。

第 1 章
打つ バッティング

わき
左わきは軽くしめて、右のひじはバックネット側に持っていくと自分の身体の前に懐をつくれる

顔・頭
あごを引いて顔をピッチャーに向け、両目でしっかり相手のフォームとボールを見る。スイングのときは頭の位置が動かないように注意

キホン!
スクエアスタンス

両足
両足は肩幅よりも広く取り、ピッチャーが投球動作に入るまでは5-5のイーブンバランスでゆったりと構える

ひざ
両ひざは軽く曲げてリラックスして構える。伸びたままだと下半身を使ったスイングができないので注意しよう

スタンスとバットの握り方

オープンスタンスとクローズドスタンス

オープンスタンス
前足を軸足よりも後ろにおいて構える

クローズドスタンス
軸足を前足よりも後ろにおいて構える

自分に合ったスタンスで構えよう

　前ページで紹介したのは、もっともオーソドックスな「スクエアスタンス」と呼ばれるものです。スタンスにはこの他に、前足を軸足よりも後ろにおく「オープンスタンス」と、軸足を前足よりも後ろにおく「クローズドスタンス」の2つがあります。

　どのスタンスが良くて、どのスタンスが悪い、というものではありません。ポイントは、もっともピッチャーが見えて、タイミングが取りやすいスタンスで構えることです。

POINT

クセに合わせて選ぶ

矯正法の一環として、身体が開きやすい選手にはオープンスタンス、上体が突っ込んでしまう選手にはクローズドスタンスを導入することで、悪いクセを矯正できる場合もある

第1章 打つ バッティング

グリップのバリエーション

キホン！

ノーマルグリップ
いちばん一般的で基本となる握り方。グリップエンドに沿ってしっかり握れるので力が入りやすい

ショートグリップ
短く握るので操作性が良く、ボールが捕えやすくなる。1、2番タイプや、速球派のピッチャーに対応できる握り

ロンググリップ
遠心力が働いてヘッドが利きやすい長距離打者タイプの握り。この握りでもしっかりスイングできる選手以外はNG

チョークグリップ
ボールを叩きつけたいときやライズ系のピッチャーで、ヘッドが下がり気味になるときに使う握り

相手のピッチャー、状況によって臨機応変に対応しよう

バットの握り方は、大まかに「長く持つ」か「短く持つ」の2つに分類されます。もっとも一般的なのは、下の手の小指をグリップエンドにおく「ノーマルグリップ」。このタイプで小指をグリップエンドにかけるのが「ロンググリップ」。この2つが長く持つタイプです。

一方、グリップエンドからこぶしひとつ分ほど空けて握るのが「ショートグリップ」。両手のグリップの間隔を空けて持つのが「チョークグリップ」と呼ばれる握り方で、この2つが短く握るタイプです。

レベルスイング

ボールを正確に捕えやすい基本スイング

- どんなボールにも対応できるように楽に構える
- 右の股関節に体重が乗っている状態でトップをつくる
- タイミングを取るために軸足に体重を乗せてテイクバック

1 **2** **3**

ボールの高さに合わせて水平にバットを振る

　どんなバッティングをするにしても、ボールを打つときには、構えたところから→テイクバック→ステップイン→スイング→ミート→フォロースルーという一連の運動がともないます。大切なのはこれらの運動が淀みなく流れるように完了することです。

　まずは、もっとも基本的な技術である「レベルスイング」の連続写真を参考に、バッティングのポイントをイメージしていきましょう。

第1章
打つ バッティング

ミートポイントでのバランス配分は5−5くらい。水平にバットを振り抜く

背番号が見えるくらい上半身を回転させてフォロースルー

右足の蹴りが効いて、ステップインした左足の踏ん張りも利いている状態

POINT 反動を使って打つ

バッティングでポイントとなるのは「うねり動作」＝反動を使って打つこと。地面を蹴ったときの反力を使って下半身スタートのスイングを心掛ける。身体が先に回って最後に腕が出てくるのが大切なポイント。そのために必要なのは、前足でしっかりと踏み込んで、後ろから前の動きを急速にストップさせることだ

レベルスイングのポイント

水平に振り抜くコツ

頭とグリップの位置は変えないように

バッティングの理想はライナー系の速い打球を打つことでしょう。これがもっともヒットになりやすいからです。

スイングを大まかに分類すると、①まっすぐ振り抜く、②下から上に振り上げる、③上から下に叩きつけるの3つに分けることができます。レベルスイングは①に相当します。

ベルト付近の高さのボールは、レベルスイングで打つのが基本です。右の写真の選手は、前足を上げてタイミングを取るタイプで、バッティング時には大きなアクションをともないます。足を上げて大きくステップインしているにもかかわらず、頭の位置はずっと同じポジションにあることに注目してください。これがバッティングの大切な基本です。

また、スイングを開始したところからミートした直後までグリップの位置も変っていません。これもレベルスイングでは重要なポイントです。

左腕をまっすぐに伸ばしながらフォロースルー

4

POINT

背筋を使ってボールを押し込む

ミートからフォロースルーでは身体の回転を使ってバットを振り切ることが大切。腰が入っていないスイングや手打ちでは、写真4のようなしっかりとしたフォロースルーの形がつくれない。ポイントは、背筋を使ってボールを押し込むイメージを持つことだ

第1章
打つ バッティング

ダウンスイング

ライズボールには上から下のスイングで対応

- コンパクトなスイングを意識しながら
- テイクバックでヘッドを落とす
- 振り出すときはヘッドよりも手首の位置を高くして
- わきをぐっとしめてスイング

1　2　3　4

ボールに対して上からバットを出す

　ダウンスイングは、ボールを叩きつけたいときに使うスイングです。とくにライズボールを武器とするピッチャーと対戦したときは、かならず必要となるバッティングです。

　ライズボールは下から上に浮き上がってくるボールです。レベルスイングやアッパースイングでは空振りやポップフライが出やすくなってしまうので、ライズボールには上から下のスイングで対応するのが基本となります。

第1章
打つ バッティング

ミートポイントでは手首がヘッドよりも高い位置にあるかチェック

打点を前においで叩きつける

フォロースルーでバットが身体に巻きつくようになっているかチェック

5 **6** **7**

POINT　ヘッドを落とす

写真のようにテイクバックでヘッドを落とさないと、上からバットが出てこない。インパクトのときは手首がヘッドよりも高い状態をつくるのがコツ。効率よく上からバットを出すためには身体に巻きつけるようなスイングをイメージする

ダウンスイングのポイント
ボールを叩きつけるのに適したダウンスイング

① いつもと同じ構えから
② トップでヘッドを落として
③ 右のひじをぐっとしめて身体に近いところで

バットを立ててボールを上から叩く

ダウンスイングの主な目的は、ボールを叩きつけてランナーを進める進塁打を打つことです。ボールを飛ばす必要はないので、できるだけコンパクトなスイングを心掛けるのがポイントです。

浮き上がってくるボールに対してバットが寝てしまうと、ボールを上から叩くことができないので、空振りやポップフライが多くなってしまいます。そのためスイングはできるだけ立て振りにするのがコツです。上の写真のように、身体の近いところで身体に巻きつけるようなスイングが必要になってきます。

POINT グリップの位置

写真右がダウンスイングのトップから振り出しの状況。左がアッパースイングのトップから振り出しの状況。

両方を比較すると、ダウンスイングではヒジの位置が高くグリップの位置もかなり違うことがわかる

第1章

打つ バッティング

上から落とすような立て振りのスイングでミート

4

右手を返してボールを叩きつける

5

アッパースイングのトップの位置

ダウンスイングのトップの位置

アッパースイング
ドロップボールにはアッパースイングで対応

構えたところから

右の股関節を絞るように体重を乗せる

ステップインしても後ろ荷重のまま。体重移動してもバットの位置は変らない

1　2　3

右わきを絞ってタメをつくる

　低めのストレートやドロップなど低い打点でボールを捕えるときに対応しやすいのが、アッパースイングです。ボールの下にバットを入れるので、フライを打つ技術ともいえます。

　長距離打者の場合は、アッパースイングで外野に打球をとばし、タッチアップで三塁走者を帰す場面も考えられます。技術のひとつとして、下から上にスイングするアッパーの打ち方もマスターしておきましょう。

　このスイングで大切なのは、右わきを下げて（絞って）、左肩を上げるようにすることです。写真4のように、両腕を絞りながら最後までタメを作り、両腕が伸び切る直前でボールを捕えることができれば、ボールは放物線を描いて飛んでいきます。

第1章
打つ バッティング

右わきを下げると（絞って）、左肩が上がる

両腕が伸びる直前がミートポイント。45度の角度を意識しながらフォロースルー

後ろ足に重心が残っているかチェック

後ろのひざが落ちないよう意識する

POINT

タメてタメて一気に振り切る

良いバッターというのは「タメができる」といわれる。これはボールをミートするギリギリまでピッチャーに胸を見せない打ち方。早く胸を見せる選手はグリップが残らないので、突っ込んだり、泳いだりする打ち方になってしまう

アッパースイングのポイント
パワーを一気に放出するフォームで打つ

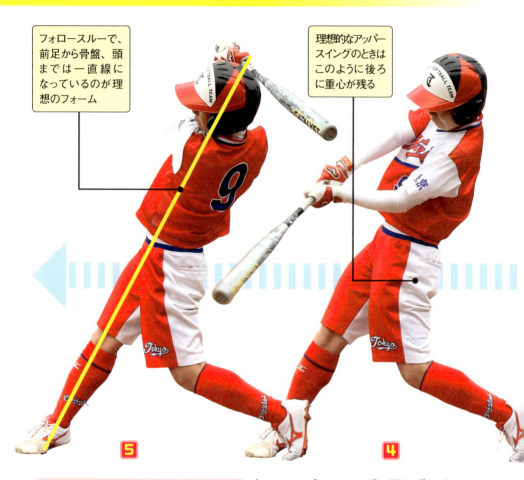

フォロースルーで、前足から骨盤、頭までは一直線になっているのが理想のフォーム

理想的なアッパースイングのときはこのように後ろに重心が残る

弓を引き絞った状態がトップ

ボールを遠くに飛ばせるタイプの選手は、アッパースイングのフォームも理にかなっています。身体が大きくなくても、基本を磨けばボールを遠くに運べる打者になります。写真でポイントをチェックしていきましょう。

アッパースイングに限らず、バッティングで最も大切なのは、トップのつくり方です。写真1～2のように、トップで「弓を引き絞るイメージ」で、グリップをできるだけ後ろにおくことがポイントです。ここが捻りの限界点。もっともパワーが溜まっているところです。その引いた反動でスイングすると、鋭くバットを振ることができます。

第1章

打つ バッティング

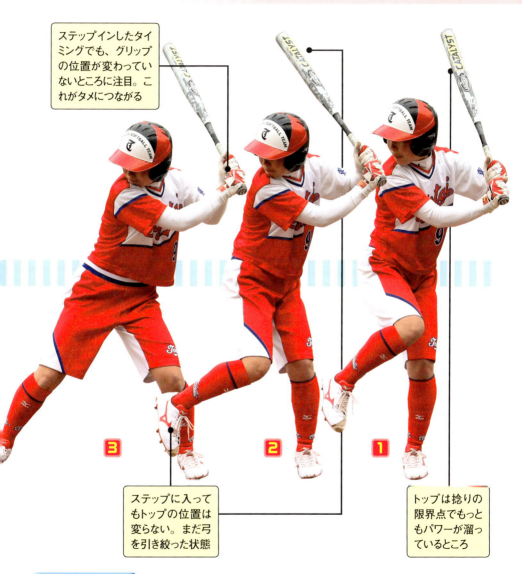

ステップインしたタイミングでも、グリップの位置が変わっていないところに注目。これがタメにつながる

ステップに入ってもトップの位置は変らない。まだ弓を引き絞った状態

トップは捻りの限界点でもっともパワーが溜っているところ

POINT　インパクトでは下の手の小指をしっかり握り込む

インパクトのときは下にある手の小指に力が入っていて、上の手は親指つけ根側に力が入っているのが基本。これが正しくできていると、インパクトでボールに負けない

ホームランを狙おう
ボールを遠くに飛ばす

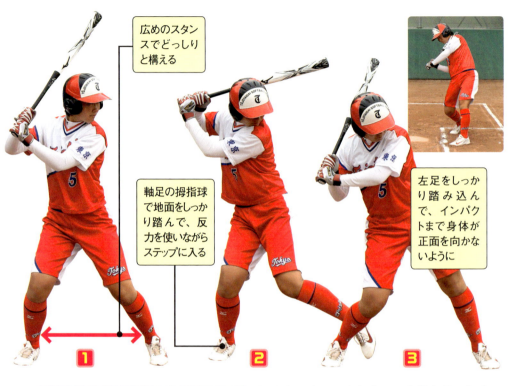

1 広めのスタンスでどっしりと構える
2 軸足の拇指球で地面をしっかり踏んで、反力を使いながらステップに入る
3 左足をしっかり踏み込んで、インパクトまで身体が正面を向かないように

ボールに強いバックスピンをかける

バッティングの醍醐味は、何といってもホームランを打つことでしょう。いい当たりの感触は一生涯消えることがありません。ここでは、そんなホームランにつながる長打狙いのバッティングを考えてみましょう。

私自身、大学時代にはホームラン記録をつくったことがありますが、それまでは中距離ヒッター。ボールを遠くまで飛ばせるタイプではありませんでした。しかし、ちょっとしたコツを掴んだことでホームランを狙えるバッターになったのです。

連続写真のフォームは、スタンスも広めで、ステップも広め、地面の反力をもらえるように強く踏み込んでいます。これは長距離ヒッターに共通する特徴です。また、ボールを捕えるときの重心は後ろに残り、バットにボールを乗せて運ぶイメージでスイングしている点もポイントです。

第1章
打つ バッティング

ボールの下半分にバットを入れて思い切り振り抜く

身体の回転を先行させてヘッドは最後に出てくるイメージ

POINT　ボールをバットに乗せるイメージ

ボールの芯を打つと、無回転になって飛距離は伸びない。ボールをより飛ばすためには、バックスピンが必要になる。ボールの半分より下にバットを入れると、バックスピンがかかって飛距離は伸びる。とくに、ボールの下3分の1にいい角度でバットが入ると、ボールがよく飛ぶ。俗にいわれる「バットに乗せる」というのはこのことだ。そのためには、ボールを引きつけてポイントをベース寄りにするのがコツ。ボールを呼び込んで腕が伸びる前にミートし、打った後に押し込むようにすると、強いバックスピンをかけることができる

ヒットを打とう
確実にボールをミートする

バットは止めずにフォロースルーはしっかりと取る

無理に引っ張ったり、流したりせずに自然にミート

テイクバックを小さくしてコンパクトに打つ

相手ピッチャーのボールが速いときや、追い込まれたカウントでの大振りは厳禁です。そのようなときには、確実にミートするコンパクトなスイングを心掛けるべきです。だからといって、打撃の基本フォームを変える必要はありません。ちょっとしたポイントを押さえるだけでミートに徹することができます。

最大のポイントは、テイクバックを小さくすることです。当然スイングも小さくなりますが、これだけで空振りは確実に減ります。また、目とバットの距離を近づけるのもポイントです。小さなテイクバック、小さなステップ、コンパクトなスイング。この3つを心掛けて、広角にボールを弾き返すことができればヒットの数も確実に増えるはずです。

第1章

打つ バッティング

2 目とバットの距離を近くするのがうまく当てるコツ

1 構えたときからいつもより小さめのテイクバックを意識

POINT　力の入れ具合

構えたときに雑巾を絞り込むようにといわれるが、最初から全力で握っていると鋭くバットを振ることができない。大切なのは、楽に構えて（トップのときにヘッドが落ちなければOK）インパクトで100%の力を込めることだ

右方向に進塁打を打つ
流して打つテクニックをマスターしよう

できるだけ引きつけてボールの内側にバットを入れることを考える

身体を開かないことを意識しながらボールを打ちにいく

コンパクトなスイングで広角に打つ

　相手ピッチャーが良かったら1点を取るのが大変なのが、ソフトボールという競技です。数少ないチャンスを点に結びつけるためのキーとなるのが、進塁打。例えば、ノーアウトランナー一・二塁のケースを考えてください。強いチームは、ここで確実に二・三塁に進むことができます。

　右打者の進塁打なら、流してセカンドに取らせるボールを打ちたいところです。この進塁打を打つポイントは、ボールの内側にバットを入れること。そのためにはボールを引きつけて、グリップエンドからバットを出すイメージが必要です。また、ヘッドを少し下げぎみにしないとうまく流せません。ヘッドを返さずに打球方向に素直にバットを出すことも、大切なポイントです。

第1章
打つ バッティング

グリップエンドからバットを出すイメージで

フォロースルーでもヘッド（手首）を返さないことを意識する

ヘッドを下げて右方向に自然なスイング

POINT うまく流せない打者は？

ヘッドを返してしまうクセがある選手は流し打ちが苦手だ。このタイプの選手は無理に流さずに、ボールを叩きつけて高いバウンドの打球をサードに取らせることを考えよう。ただし、流し打ちは絶対にマスターしてほしいテクニック。うまく打てない選手はトスバッティングの練習などで矯正していこう

叩きつけて走者を進める
高く弾む打球で進塁打を打つ

小さなテイクバックでステップインは考えない

両足均等荷重でボールをできるだけ呼び込む

意図的に高いバウンドのボールを打つコツ

叩きつけるバッティングのキモは、ボールを高く弾ませて時間をつくることです。中途半端なワンバウンドでは、走者が刺されてしまいます。

流し打ちと同様に、叩きつける場合でもボールをできるだけ呼び込むことがポイントです。このときのスイングは、もっとも小さなダウンスイングをイメージしてください。上から下のスイングでボールの頭を強く叩くと、高いバウンドのボールを打つことができます。

また、確実にミートするためにはバットを短く握るのもひとつの方法です。1、2番タイプの左利き選手なら、ただの進塁打としてだけでなく、一塁を狙うバッティングにも流用できます。

第1章
打つ バッティング

立てたバットをボールの頭に入れる

進塁打の場合は、すぐに走り出さずにきっちりバウンドさせることを第一に考える

ミートしたらしっかり振り切る。中途半端なスイングにしない

POINT どこに打つのが正解？

ボールが高く弾めば、どこに打っても走者を進めることができるのでコースなりに打って構わない。ピッチャーの頭を越えるワンバンドを打てば、バッターが生きる可能性もある。また、この叩きつけ打法は、バントの構えからバスターにも応用できるので、トスバッティングでもかならず練習しておこう

スラップ

一塁に走りながら打つソフトボール特有の打法

1 小さな構え、小さなテイクバックで構える

2 右足荷重でタイミングを取りながら

3 左足をクロスしてステップ。このときにバッターボックスを踏み出さないように注意

ショート方向に転がす

　左バッターが走りながら打つスラップは、塁間が短いソフトボールならではの打法です。足の速いバッターなら左方向にうまく転がすことができれば、セーフになる確率が高くなります。

　ただし、助走を入れながら走るのとは逆方向に打つので、高い技術が必要です。ポイントは、ステップしても左肩を開かないこと。身体が開いてしまうとアウトコースのボールには届かないし、インコースのボールだと左方向にうまく打てないので注意しましょう。インパクトまで身体を開かずに、ミートと同時に右足を踏み出して一塁にスタートを切ります。

第1章
打つ バッティング

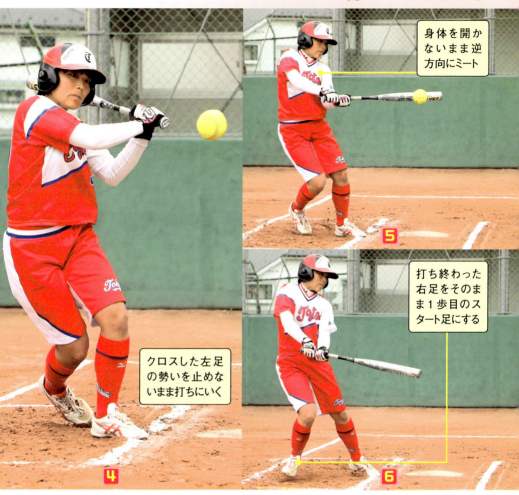

身体を開かないまま逆方向にミート

打ち終わった右足をそのまま1歩目のスタート足にする

クロスした左足の勢いを止めないまま打ちにいく

POINT　ショートに2バウンドで取らせればセーフ

スラップは三遊間に打つ打法なので、基本はボールの内側を強く叩いて打つことが大切。手首を返さずに打つと、打球を操作しやすい。ショートに取らせればワンバウンドで五分五分。ツーバウンドならセーフの確率が高くなる。また、サード方向ならヒット狙いの強い打球を打つように。サードは前に出てくるので、強いボールが打てればヒットになる確率が高くなる。サードの反応が早ければ、叩きつけて頭を超す打球が効果的だ

インコースの打ち方

引っ張って打つコツ

軸をつくって回転運動で打つ

バッティングの基本はセンター返しといわれますが、ピッチャーはそうさせないために内外角を投げ分けてきます。バッターはインコースのボールなら引っ張り、アウトコースなら流すのが自然な対応です。ここからは、インコース打ちとアウトコース打ちの基本を学んでいきましょう。

インコースのボールをうまく打つコツは、上体をやわらかくしてひじをまげ、体の近くでスイングすることです。グリップと身体を離さずに、すばやく回転して打ちます。身体とバットが離れるとインコースはうまく打てないので、ひじを畳むようにして打ちましょう。ひじを畳んでヘッドを残して打つと、左中間方向にボールを飛ばせます。注意点は、ヘッドをギリギリまで返さないことです。ヘッドが早く回るとファールになってしまいます。

POINT
打ち終わりの足の裏をチェック

軸をつくった鋭い回転運動でスイングすれば、打ち終わった後に、後ろ足が返って靴裏が見えるはず

インコースを引っ張るのならこのボールを待つ

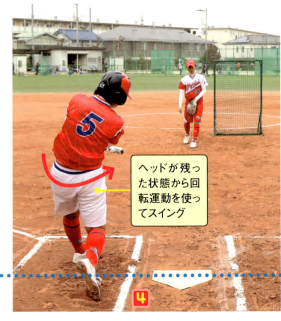

ヘッドが残った状態から回転運動を使ってスイング

第1章
打つ バッティング

軸を崩さずに少しだけアウトステップ

ひじを畳みながらボールを引きつけてヘッドが残った状態

ミートしたらボールを押し込むようにフォロースルー

アウトコースの打ち方
流して打つコツ

身体を開かずにボールを呼び込んで打つ

　アウトコースのボールを引っ張って打とうとすると、引っ掛けたゴロになりがちです。アウトコースのボールは右中間方向に自然に流して打つのが基本といえます。

　アウトコースのボールを流すときのポイントは、身体を開かずにボールを呼び込んでおヘソの前で打つことです。言葉としては矛盾していますが「外側のボールを身体の近いところでインパクトする」というイメージを持つと、自然に右中間方向のボールが打てます。

　うまく流せないタイプの選手は、ほとんどの場合、腕を返す打ち方になっています。フォロースルーまで腕をまっすぐに打球方向に伸ばすことも意識しましょう。

アウトコースを流すならこのボールを狙う

腕を返さずに自然に右方向に打つスイング

第1章
打つ バッティング

身体の開きを極力抑えながらスイングに入る

ボールを引きつけておヘソの前でミートするイメージ

ミートした後も身体の軸はまっすぐに残す

POINT

外待ちで内にボールが来たときは？

内側のボールを引っ張るつもりで待っているときに、外のボールが来るとうまく対応できない。逆に外待ちのときに内角のボールが来たときは、自然な反応のまま引っ張ることが可能。その意味でも、対応力の高い待ち方といえる

バントの基本

確実に走者を進める犠牲バント

スクエアスタンス

顔
顔をミートポイントの近くにおく。ボールが当たる瞬間までしっかり見るように

バット
グリップよりもヘッドがかならず高い位置になるように構える

右手
ボールに負けないようにしっかり支える。支えが弱いとフライが上がってしまうので注意

ひざ
ボールの高低にはひざの曲げ伸ばしで対応。バットでボールを追わない

左手
グリップ側の左手のわきをしっかりしめる。ここが緩くなるとヘッドが下がってしまうので要注意

顔とバットとボールを近くにおく

相手のピッチャーがいいときは1点を取るのが大変です。そこで重要なツールとなるのがバントのテクニックです。走者を進塁させる「犠牲バント」。自分が生きる「セーフティバント」。どちらもしっかり練習して、自分のものにしていきましょう。

まずは、犠牲バントの基本から学んでいきましょう。構えたときのポイントは、顔とバットを同じ高さにしてボールが当たる瞬間までしっかりと見ることです。また野球ではバットを水平に構えますが、ソフトボールではバットを立てて構えるのが基本です。来たボールの上にバットを落とすイメージをもつと、うまく転がすことができます。

第1章
打つ バッティング

オープンスタンス 自分に合ったスタンスをみつけよう

POINT

ピッチャー前に転がす

犠牲バントではピッチャーとキャッチャーの中間に転がすのが基本。走者を送るバントのときは、ボールが地面に落ちたのを確認してから走り出すくらいの慎重さが大切

1. 基本の構えから
2. ピッチャー前にバント
3. ボールがバウンドするまでしっかり見る

犠牲バント

一塁側と三塁側に転がす

一塁側に犠牲バント
どちらに転がすかわからないように構える。一塁側に転がすときは右手でバットの角度を調整して身体の近くでミートする

三塁側に犠牲バント
三塁側に転がすときはグリップを身体に近いところにおいてバットの角度を調整。ボールがバウンドするまでしっかりと見届ける

ひざを使ってボールの勢いを殺す

走者の状況や野手の巧拙によって、一塁側に転がすバント、三塁側に転がすバントと、コースを変える場面が生じます。

コースを変えるときのポイントとなるのは、バットの角度を調整する右手です。一塁側に転がすときはヘッドが身体に近く、三塁側に転がすときはグリップが身体に近くなるように心掛けましょう。入射角と反射角の関係を考えながらバットの角度をつくるのがポイントです。

また犠牲バントはボールの勢いを殺す

第1章
打つ バッティング

テクニックも必要です。そのコツはニーアクションを使うこと。身体全体（とくにひざのアクション）を使って吸収させましょう。手先だけで調整するのはNGです。

POINT バットの握り方

バットの握り方は、上の手でバレルをしっかり握り込むタイプ（操作性が高い）と親指と人差し指で挟み込むタイプ（吸収しやすい）があるが、非力な選手なら前者のタイプがおすすめ

セーフティバント

左打者が三塁側に転がす

ノーマルタイプ

通常のステップから三塁側に転がす、ノーマルタイプのセーフティバント。助走がないので、相手の野手に読まれにくく確実にボールに当てることができるメリットがある

クロスタイプ

後ろ足をクロスした時点ではスラップなのかセーフティバントなのか判断できないので、野手を迷わせることができる。ただし、アクションが大きいので高い技術が必要になる

相手にバントを読まれないようにする

自ら一塁に生きようとするのがセーフティバントです。もっともポピュラーなのは、左打者が三塁方向に転がすバントです。一塁までの距離が近いので、うまく転がすことができれば成功の確率が高くなります。

左打者のセーフティバントには2つのタイプがあります。通常のステップ形（後ろ足をクロスさせない）は助走がないので確実にボールを捕えることができます。後ろ足をクロスさせて走りながらバントするタイプは、セーフティとわかってしまいますが助走があるので早く走り

第1章

打つ バッティング

クロスタイプは、ノーマルタイプよりも一塁まで速く走ることができる

出すことができます。また、このステップはスラップと同じなので相手の野手を迷わせることもできます。

いずれのタイプにしても、最初はしっかりと構えてバントだとわからないようにするのがポイントです。

POINT うまく転がすコツ

バントはボールの上4分の1くらいにバットを当てるのが理想。3分の1だとかなり強めの転がりになり、5分の1だと弱めでキャッチャー前くらいの転がりになる。キャッチャー前のバントでも送球しづらいのでOK

プッシュバントとバスターバント

右打者のバントテクニック

プッシュバント

バントの構えをしたときにぽっかり空くスペースがセカンドの定位置。そこを狙って強めのバントを転がすのがプッシュバント。うまく転がすことができれば、走者を送るだけでなく自分も生きることができる。インパクトまでしっかりボールを見てボールの上にバットを強く入れよう

バスターバント

バスターバントはファースト、サード、セカンドの誰かを惑わせることができれば走者を送ることに成功する。ノーアウトランナー一塁、もしくは一・二塁などの場面で使うのが有効。セカンドを惑わせることができれば一塁のカバーが遅れるので、自分もセーフになりやすい

相手を惑わせるバントにトライしよう

プッシュバントはセカンド方向に打つのが基本です。ピッチャーとセカンドの間に打てれば理想的です。バントの構えを取ったとき、相手のファーストとサードは前に来て、セカンドは一塁のカバーに入るのが一般的なフォーメーション。その空いたスペースに転がすのが狙いです。プッシュバントのコツは、身体ごとボールに当てるイメージを持つことです。インパクト後は身体の近くから右腕を伸ばして弾くようにしましょう。「小さなバッティング」というイメージで、強いインパクトが重要なのでしっかりバットを握

第1章
打つ バッティング

ることも大切です。

　バスターバントは、ファースト、サード、セカンドを惑わすテクニックです。バントからヒッティングに切り替えたタイミングで相手の足が止まります。足を止めた上でバントをするので、成功すれば高い確率で走者を進めることができて、相手が混乱すれば自分も生きることが可能です。ポイントは構え遅れしないこと。ピッチャーとのタイミングの取り方が難しいので、くり返し練習して感覚をつかみましょう。

バッティング練習法

トスバッティング

相手に正確に返してバットコントロールを磨く

トスバッティングは、どんなレベルの選手でも日常的に行っている練習ですが、見る人が見れば、トスバッティングだけでその選手のセンスがわかるほど基本が詰まったものです。

私たちの部では6～7mくらいの距離をとって上から投げていますが、もっと近い距離で下手投げで行っても構いません。基本は、ボールの上を叩いてワンバウンドで相手に打ち返します。上達してきたら、ボールの芯を捕えてノーバウンドで打ち返す方法にもチャレンジしてみましょう。ボールが左右に散るのはバットコントロールがいまひとつの証拠です。

ねらい

タイミングの取り方、バットコントロール、ミートポイントの正確さを磨く

ワンバウンドで相手に打ち返す

ボールが左右に散らないように

第1章
打つ バッティング

ティーバッティング（基本形）

> ティーバッティングで
> バッティングの基礎を反復しよう

短い距離からボールをトスしてもらって打つティーバッティングは、フォームづくりのための効果的な練習法です。また、打ち方やトスするボールを工夫すれば欠点の矯正にも役立ちます。

基本となる練習法は、写真のようにベルトの高さにトスしてもらい、そのボールをライナー系の打球で打つやり方。その日のテーマを設定して、インコース（引っ張り）、アウトコース（流し）、高め（アッパー）、低め（ダウン）にトスしてもらうなど様々な工夫を凝らすことも大切です。

大学では300球～500球くらいは日常的に打ちます。実業団レベルでは500球以上バットを振っています。地道な反復練習で、身体に覚えこませましょう。

基本のティーバッティング

1

2

ボールのトスがうまい選手はバッティングもうまい

3

ねらい
正しいフォームの定着。また、様々な打ち方やボールに対応して、欠点を矯正する

バッティング練習法

ティーバッティング（逆手打ち）

右手、左手を逆にして打ってみる

　ヘッドがうまく出てこない選手（振り遅れタイプ）や泳ぎ打ち（スウェーしやすいタイプ）の矯正に有効なのが右手と左手を逆にして打つ練習です。

　逆手で打つと、インパクトでバットを止めないとヘッドが出てきません。この練習では、スイングにブレーキをかけることでヘッドが出やすくなる感覚を養うことができます。

ねらい
振り遅れや泳ぎ打ちを直し、正しい感覚を身につける

逆手で打つとヘッドが走る

第1章
打つ バッティング

ティーバッティング（腰を回転させずに打つ）

両足をしっかり踏み込んだまま打ってみる

両足均等過重で壁をつくって打つ

ボールを前に飛ばすのが目的のバッティングでは、体重移動を使ったり、身体を回転させて打つのが基本です。これは、それらをあえて使わずに腕だけでボールを打つ練習です。

こうして打つと身体の左側に壁をつくることができます。開きグセがある選手はこの「壁をつくる意識」が希薄です。両足均等過重にしてあえて壁をつくることで、そのクセを矯正でき、身体の中でボールを打つイメージをつくることができます。

ねらい

バッティング時の身体の開きグセを直す

両足荷重

バッティング練習法

ティーバッティング（利き手で片手打ち）

利き手だけで打ってみる

実際に片手で打つことはありませんが、これはバットの操作感覚を覚えるのに効果的な練習法です。片手で打つと、リードする手と押し出す手の使い方を覚えることができます。

まず利き手だけで打ってみます。ミート後にボールを押し出すのに使うのが利き手です。バッティングでボールを飛ばすのは、バットを握ったときに上にくる利き手の役割です。その手が弱いとインパクトで負けてしまったり、強く使いすぎるとかぶせ気味のスイングになってしまいます。

この練習で筋力をつければ、スイングスピードも速くなって利き手だけでも鋭いボールを打てるようになります。

ねらい

ミート後にボールを押し出す利き手の使い方を身につける。また、鋭いスイングに必要な筋力を鍛える

利き手だけで打つ

右手一本

第1章

打つ バッティング

ティーバッティング（非利き手で片手打ち）

左手だけで打ってみる

バッティングでスイングをリードする役割を担うのが非利き手です。この手の力をつける練習をすることで、スイングのバランスが良くなります。

利き手ではない手一本でバットを振るのは大変ですが、その手だけでうまくミートしようとすると、自然にひじの畳み方（まげて引き出す感じ）を覚えることができます。また、非利き手の筋力が上がれば、かならずバッティングは向上します。

最初はうまく振れないかもしれませんが、ぜひ練習に取り入れてください。

ねらい

非利き手の使い方を身につけながら筋力を鍛えれば、バランスのよいスイングができるようになる

非利き手だけで打つ

左手一本

バッティング練習法

ティーバッティング(クローズドスタンスで打つ)

極端なクローズドスタンスで打ってみる

思い切りクローズドにすると、構えたときから左の股関節を深くひねった状態になります。バッティングでは「捻り→戻し」は欠かせない運動。極端なクローズドスタンスを取ると、最初から左の股関節を曲げて打つことになるので、身体のひねりを意識することができます。とくにインコースのボールにバットがうまく出ない選手には効果的な練習です。

ねらい
身体のひねりを意識して、インコースのボールに対する感覚を磨く

クローズドスタンスで股関節をひねった状態から打つ

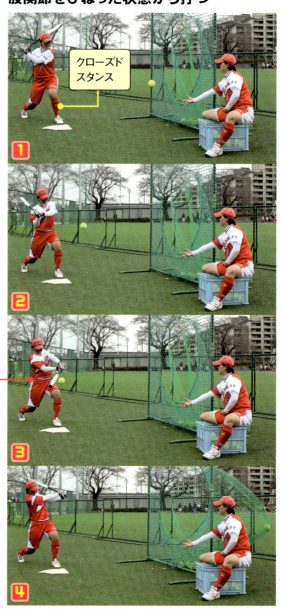

第 1 章

打つ バッティング

ティーバッティング（スクワットを入れて打つ）

左足、右足のスクワットを入れて打ってみる

下半身をうまく使えると、地面からの反力を得てボールを遠くに運ぶことができます。これは長距離ヒッターには必要不可欠な能力です。大切なのは、後ろ足（軸足）に体重をしっかり乗せること。その意識を植えつけるために、あえて最初に前足に重心を乗せて打たせるのが、この練習です。また、この練習は下肢のトレーニングにもなります。下半身が弱い選手はかならず取り入れましょう。

ねらい

ボールを遠くに飛ばすために、下半身を鍛えながら効果的な使い方を身につける

前足スクワット、後ろ足スクワットから打つ

スクワットを入れてから

1
2
3
4

バッティング練習法

ティーバッティング（スウェー矯正）

軸足1本で打ってみる

左足を上げて軸足1本で打ってみる

バッティングで凡打を繰り返すタイプの選手の多くは、打つときに身体が突っ込んでしまうクセがあります。「泳ぎ打ち（スウェー）」になるのも同様のクセが最大の原因です。

この矯正に有効なのが、右足1本で打つ練習です。ミートしてから軸足1本で立つようにすると写真のように身体は突っ込まなくなります。このときにできる身体の左側の壁をつねに意識しましょう。

ねらい

泳ぎ打ち（スウェー）になりがちな打ち方を矯正する

第1章 打つ バッティング

ティーバッティング（引っ張りと流し）

出し手の位置を変えて打つ

一塁側からのトスを引っ張って打つ、三塁側からのトスを流して打つ、この2つを両方行いましょう。またこの他にも、ネットの正面から出したり、遠くから出したりと、出し手の位置を変えながら練習にメリハリをつけましょう。

一塁側からのトスを引っ張る

引っ張りに打つ

三塁側からのトスを流す

流しに打つ

バッティング練習法

ティーバッティング（サッカーボールを打つ）

バウンドさせたサッカーボールの芯を打ち抜く

サッカーボールを打つ

　昔から行われている練習に「タイヤ叩き」がありますが、このサッカーボールを打つ練習もインパクトの強さをつくることを目的とした練習です。タイヤ叩きでは手首を痛めてしまうこともあるので、中高生や女子の練習ではサッカーボール叩きのほうがお勧めです。

　重いサッカーボールを打つときは、しっかりを芯を打ち抜かないとボールが飛びません。振るというよりも、インパクトで止めるイメージで練習しましょう。

ねらい

ボールの芯をとらえて、インパクトの強さを鍛える

第1章
打つ バッティング

バント練習

バントの基本を身につける

バントの基本は、顔とバットとボールの距離を近くすることです。この基本は写真のような1対1の練習でも身につけることができます。ポイントは目に近いところでキャッチすることです。グラブ（バットの代用）でキャッチすることでバントのポイントを体得できます。また、片手バントも同じイメージです。支える利き手でバットをしっかり握り、当たる瞬間までボールを見るようにしましょう。

目に近い場所でボールをキャッチ

目の近くでキャッチ

＊右利きの場合は左利き用のグラブを使用

利き手1本でボールの上4分の1にバットを入れる

当たる瞬間までしっかりボールを見る

第2章 投げるピッチング

ピッチャーの投法として今主流になっているのは、腕を風車のように回して投げるウインドミルです。この章では、ウインドミルに絞って、ピッチングの基本から応用、練習法まで学んでいきましょう。

ウインドミル投法の基本①

ステップ1　両腕で円を描くように腕を振る

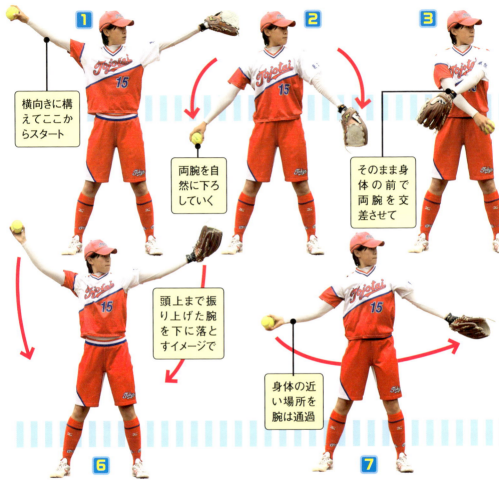

両腕をバランス良く回そう

　ウインドミルの導入としてポピュラーなのは、腕の振りから入る方法です。まずバランス良く両腕を回せるように練習しましょう。

　スタートは両腕を広げたところです。

　ここから身体の前で円を描くように腕を回し、頭上に上がった腕が右腰に降りてきたところでボールをリリース。

　最初は4〜5mくらいの距離でまっすぐ相手に投げられるようにして、徐々に距離を伸ばしていきましょう。大切なのは、リズム良くスムーズに腕を回すことです。

第2章
投げる ピッチング

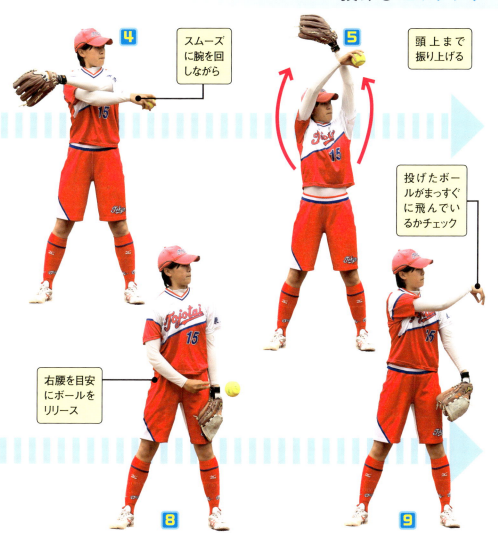

POINT　ピッチャーの適性

ソフトボールを始めた子どもは一度はピッチャーをやってみたいと思う。その適性を計るときに、多くの場合は、背が高い、手が長い、手が大きいといった体型的な特徴に注目するのが一般的。それと同時に観察してほしいのは、肩関節や手首が柔らかいといった点や垂直跳びが高く飛べるかといった運動特性だ

ウインドミル投法の基本②

ステップ2　足の動きをつけてボールを投げる

左足をステップして勢い良く投げる

　腕の振りがマスターできたら、次は足の踏み込みもあわせてボールを投げてみましょう。このときに意識してほしいのは、右足（軸足）で地面をしっかり踏み込み、左足（踏み込み足）をできるだけ大きくステップすることです。

　ピッチングで大切なのは、下半身が先行して動き、腕はその動きに遅れて出てくることです。下半身の運動と連動していない

腕を交差（66ページ写真3に合たる）

腕を頭上に振り上げたタイミングで軸足に体重を乗せていく

投げる方向にまっすぐステップ

第2章
投げる ピッチング

と、腕は速く振れません。腕を速く振る＝速いボールを投げられる、ということ。下半身の動きとあわせての投球練習は、ピッチングの基礎作りには欠かすことができません。

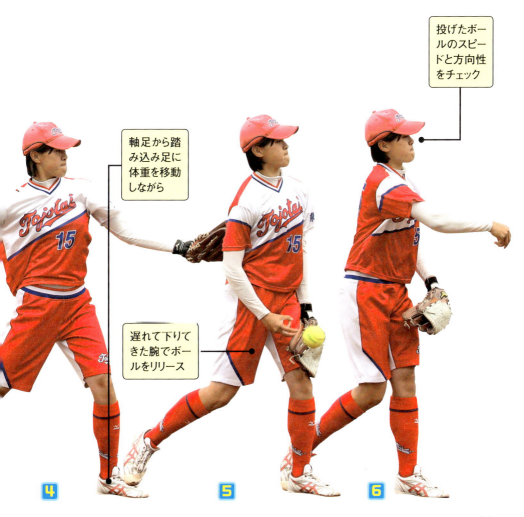

投げたボールのスピードと方向性をチェック

軸足から踏み込み足に体重を移動しながら

遅れて下りてきた腕でボールをリリース

ウインドミル投法の基本③
ブラッシング

ブラッシングして遠心力を使って投げる

　ウインドミルでは、どんな球種のボールを投げるときでも「ブラッシング」というテクニックが必要です。ピッチャーがボールを投げるときに、下ろしてきた前腕で腰骨あたりの大腿部を擦るのがブラッシングの動き。腕を強く振れるピッチャーならユニフォームを擦って「ビシッ」と音がします。

　ブラッシングはボールを投げる直前の運動です。振り子の糸を途中で止めると、そこから先が速く振れます。それと同じ原理を使うのがブラッシングです。腕をただ回したのではスピードボールは投げられませんが、ボールをリリースする直前でブラッシングを強く使えば、スピードのあるボールが投げられるのです。

ブラッシング（正面から）
上から下ろしてきた腕を

ブラッシング（サード方向から）
腰の回転とともに振り下ろす

第2章

投げる ピッチング

この位置でブラッシング

リストスナップを強くして、ボールに勢いをつける

POINT
コントロールを良くするためには、正確なブラッシングポジションをマスターすることが大切。どこでボールをリリースすればコントロールが安定するのか、そこをつねに意識しながら投球しよう

ボールは外側を向く

POINT
腕を回すことで得た遠心力をボールに伝えるためにブラッシングを使い、ボールにスピードを与える

ひじがまがり手のひらはおヘソを向く

ウインドミル投法

このフォームをお手本にしよう①

しっかり蹴った軸足からの動きを踏み込み足でストップさせる

　写真の選手は、基本に忠実なフォームながら、ダイナミックに身体を使えるタイプです。

　腕を鋭く振るために、セットポジションから右腕を引いて投球が始まります。腕を回す初期動作として軸足（右足）を強く蹴っているところが、最初のポイントです。この蹴りの強さが、ボールのスピードにつながります。グラブをした左手も大きく回して円を描いたトップの状態（写真6）は理想的です。ここから大きく踏み込んで腕を下ろしていきます。このときに写真8のように自由足（左足）で動きにブレーキをかけて、その反力を利用して腕を振ると、すばやくブラッシングさせることができます。

1 セットポジションから右腕を引いて始動
2 軸足でプレートを強く踏んで体重移動
3
4
5 腕を大きく速く強く回す

第2章

投げる ピッチング

6　7　8　9　10

全身を使ったダイナミックなトップ

ブラッシングをして、強くボールをリリース

自由足をキャッチャー方向にまっすぐ踏み込み、つま先は少し内側に向けてブレーキング

POINT

大きく踏み込む

反力を使うためには大きくて強い踏み込みが不可欠。このピッチャーの場合は、6足半分の踏み込みになっている

6足半

ウインドミル投法

このフォームをお手本にしよう②

1　　　2　　　3　　　4

ライズボールが得意なピッチャー

　ピッチャーに求められる最大の資質は、ファストボールを内外角にコントロール良く投げ分けることです。そのファストボールにスピードがあれば、容易に打ち込まれることはありません。それに加え、ライズやドロップ、チェンジアップなどの変化球を決め球に持っていると、さらに攻略されにくくなります。

　下から浮き上がるような軌道になるライズボールは、下手投げのソフトボール特有の変化球と言えます。
　ライズボールを投げる最大のポイントは、ボールにバックスピンをかけることです。回転が利いたボールは空振りさせやすく、当てられたとしてもボールの下を打つ可能性が高まるので、ポップフライに打ちとりやすくなります。

第2章
投げる ピッチング

POINT
ボールにバックスピンをかける方法

手のひらを上にしたまま手首を返さずに、小指側から捻り上げるようにリリースするとバックスピンがかかる

ウインドミル投法

このフォームをお手本にしよう③

1　2　3　4　5

サウスポーの
ライズ系ピッチャー

　サウスポーがチームにいると貴重な戦力となります。投げるボールの軌道は右利きのピッチャーとは逆。右利きには慣れていても、左利きには慣れていないという相手チームも少なくありません。

　いちばんの特徴は、サウスポーが投げる内角球にあります。右利きのバッターなら、内に切れ込んでくる軌道になるので詰まった打球が多くなり、左利きのバッターなら同じボールが外に逃げる軌道になるので強振できません。相手チームに左利きのバッターが多いときは、かなり有利な戦いができます。

　写真で参考にしてほしいのは、大きな胸の張りと、アンツーカーが飛ぶほどの強い踏みで反力を目一杯使っている点です。

第2章

投げる ピッチング

6　7　8　9　10

POINT

身体を大きく使う

腕を振り下ろす直前は指先から足先までが一直線になっているのが理想。ダイナミックなフォームで投げられるように練習しよう

77

さまざまな球種を投げる

ボールの握り方

球種別のボールの握り方

バッテリーの戦略としては、ホームベースの「左右」に投げ分ける、「高低」を使い分ける、スピードに「緩急」をつける、の3つがあります。

ピッチャーはすべてのボールをマスターするのが理想です。そのために、まずはボールに変化を与える握り方を覚えておきましょう。

ただし、手の大きさや投げ方、スピンのかけ方は千差万別。ここで紹介しているのはあくまで基本形。様々な形を試しながら、自分に合った握りを探していきましょう。

ストレート

ストレートの握り方は、人差し指と中指をV字に開いてボールの縫い目にかけるのが基本。写真は縫い目に対して人差し指と中指を垂直にかけた「フォーシーム」の握り方。これとは別に、2本の縫い目に人差し指と中指を沿わせて握る「ツーシーム」の握り方もある

フォーシームの握り

チェンジアップ

スピードボールを投げると見せかけて、球速を落として投げるのがチェンジアップ。うまく投げることができれば、バッターのタイミングを外すことができる。チェンジアップの握り方は、手のひら全体でボールを包み込むようにして、それぞれの指先を縫い目にかける。手のひらで押し出すようにして投げるのがコツだ

オーソドックスなチェンジアップの握り

第2章
投げる ピッチング

ライズボール
打者の手元で浮き上がるような変化が生まれるライズボールの握り。人差し指と中指の間を大きく広げ、指先を縫い目にかけて空気抵抗を受けやすくするのが基本形

ライズボールの基本的な握り方

人差し指を縫い目にかけないタイプの選手もいる

ドロップ
打者の手元でボールが沈むように落ちるのがドロップ。ドロップは、握り方というよりも投げ方で変化を与えるので、落ちるボールが投げられるのなら、どんな握りをしても OK

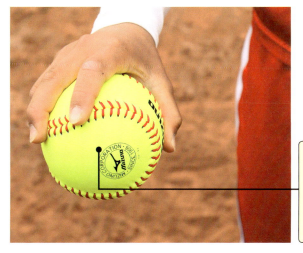

ドロップの握り方の一例。フォーシームでストレートを投げるときとほぼ変らない

球種を投げ分ける
スピンのかけ方でボールに変化をつける

ボールの高低で三振を奪う

基本のストレートに加えて、落ちるボールと浮き上がるボールをミックスして、ボールの高低で攻められると三振をとれるようになります。

前ページで紹介する、ボールに変化を与える握り方をベースにしながら、下向きの回転のボール（ドロップ）を投げたり、上向きの回転のボール（ライズ）を投げられるように練習しましょう。

リリースするときの手の向き

ライズボールは手首をまげて小指からリリースして人差し指ではじく

ドロップは親指からリリースしてボールに縦回転をかける

ライズボール

1. トップから振り下ろすときは小指から
2. ボールを手のひらに乗せるイメージ
3. リリース
4. 下からまき上げるような形でフィニッシュ

第2章
投げる ピッチング

リリースした後の腕の向き

ライズボールは投げ終わったときに手のひらが自分に向くように

ドロップは投げ終わったときに手のひらが下に向くように投げる

ドロップ

- トップでは手のひらの外側
- ボールを下に向けるイメージ
- 手の甲が上に向く形でボールにトップスピンをかける

1　2　3　4

良い投球フォームと悪い投球フォーム
正しいフォームで投げているかチェックしよう！

チェックポイント

ピッチングフォームが悪いとコントロールが安定しません。また、知らず知らずのうちに変なクセがついている場合もあります。

ここでは、必ず押さえておきたい基本のフォームと、不正投球にならないプレートの踏み方をおさらいしておきましょう。

セットポジション

セットしたときにはグラブを前に置き、キャッチャーに向かってまっすぐ立つのが基本。両肩が一直線になっていないのはNG

トップ

振りかぶってトップをつくったときの身体の向きはまだ三塁方向。トップで身体が開くとバッターの方向を向いてしまってタメをつくれない

第2章 投げる ピッチング

リリースポイント

ボールをリリースするときは身体の軸がまっすぐになっていて腕は体側に近いところを通るのが基本。軸がまがっていたり、体側から離れたところにリリースポイントがあるのはNG

プレートの踏み方　不正投球にならないプレートの踏み方をチェック

プレート幅で両足がプレートにかかっている

後ろ足がプレートから離れていると不正投球になる

前足がプレート幅におかれていない

プレート幅ならどこに前足をおいてもOK

前足がプレートから離れていても不正投球になる

後ろ足がプレート幅におかれていない

ピッチャーの練習法

遠投

> 遠くまでボールを
> 投げられるようにしよう!

ピッチャーの練習法としては「投げ込み」というのが一般的ですが、その他にも様々な方法があります。この「遠投」もその一種。遠くまで投げられるということは、身体の使い方がうまいということ。投げる距離が徐々に伸びていけば確実に球速もアップしているはずです。

遠くまでまっすぐに投げる

全身を大きく使わないとボールは飛ばない。強い蹴り足と大きな踏み込みを意識しながら、相手に向かってまっすぐに投げよう。また初速がないとボールは飛ばないので、腕をしっかり振って二塁ベースの後方まで投げられるようになろう

第2章
投げる ピッチング

連続写真でイメージを高めよう　ウインドミル（正面から）

ピッチャーの練習法

タオルを使ったシャドーピッチング

シャドーピッチングでフォームをつくる

ピッチャーの練習法としてはタオルを使ったシャドーピッチングもポピュラーなものです。キャッチャーに投げ込む気持ちで、腕の振りやリリースポイントを意識しながら行いましょう。このときはタオルの一方を結んで先端に重量を配します。写真のように最初から最後までタオルにたるみができないのがポイント。これは家の中でもできるのでぜひ普段の練習に取り入れてください。

腕を風車のように回す

ウインドミル投法は、腕を大きく鋭く振ることが大切。振りかぶったときから最後までタオルが一直線になるのは、正しい投球動作になっている証

最初から最後までタオルがたるまないように

第2章
投げる ピッチング

連続写真でイメージを高めよう　ウインドミル（後方から）

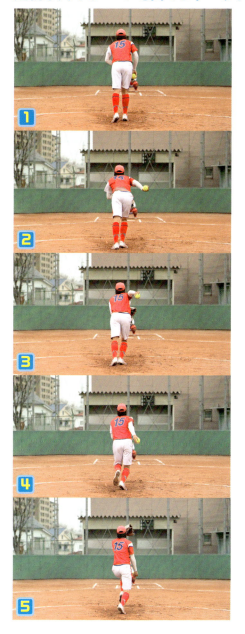
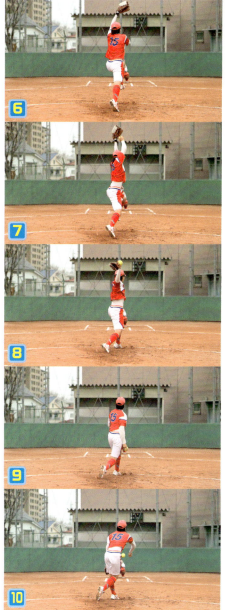

ピッチャーの練習法
ラバーバンドを使ったトレーニング

負荷を与えたトレーニングで下半身をつくる

ピッチャーにとって下半身の強化は絶対必要です。とくに球速アップに結びつくのは、軸足の強い引きつけです。この部分を鍛えるのに適したアイテムが、ラバーバンド。写真のように補助者をつけたトレーニングで、引きつける足の筋肉を鍛えていきましょう。

軸足の大腿部にラバーを巻いてのシャドースイング

第2章 投げる ピッチング

バランストレーニング

不安定な中で安定をつくる

下半身の筋力強化にはバランストレーニングも有効です。水を入れたバランスクッションの上に片足立ちになって、写真のような体勢を維持できるようになりましょう。慣れるまでは補助者をつけてもOKです。

体幹を鍛えるにも有効なトレーニング用具

ピッチャーの練習法

ライズボールのスナップ練習

> 手首のスナップだけで
> ボールを真上に上げる

　これは手首のスナップだけでボールを上に投げ上げる練習です。うまくスナップを利かせることができれば、写真のように頭の上までボールを投げ上げることができます。このときの手首のスナップは、ライズボールを投げるときに流用できます。

手首を内側に捻ってボールを上げる

第2章 投げる ピッチング

ドロップボールのスナップ練習

ボールを身体の横に投げ落とす

ドロップやチェンジアップなど落ちるボールを投げるときは、ボールに順回転（トップスピン）をかける必要があります。

このとき普段の生活にはない手首の使い方が必要になります。それを身につけるのがこの練習。振りかぶった状態から腕を下ろしたときに身体の真横にボールが落ちれば正しくできている証拠。

手首を外側に捻ってボールを地面に投げ落とす

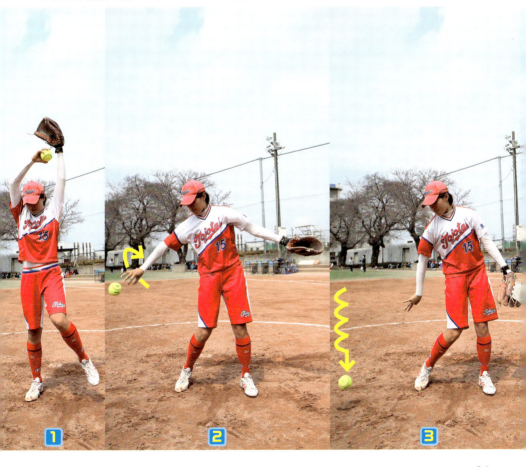

第3章

守る
フィールディ

相手に点を与えなければ負けることはありません。「攻撃」と同様に「守備」も勝利には欠かせないツールなのです。この章では、守備の基本から、各ポジション別のフィールディング術を考えていきましょう。

キャッチボール

すべての基本がキャッチボールにある

相手が捕りやすいところに正確に投げられるようになろう

ボールを投げる、ボールを捕る。不思議なものですが、これがうまくいくと楽しさを感じます。その楽しさの先にある競技が野球であり、ソフトボールです。投げたり、捕ったりがうまくできたからソフトボールという競技を始めた人が多くいるのではないでしょうか。

野球でもソフトボールでも、つねに基本とされるのがキャッチボールです。そしてキャッチボールをうまく続けるための鍵となるのが「相手の捕りやすいところに投げる投球術」です。まずは、どこに気をつければ正確に相手までボールを投げることができるのか、そのポイントを復習しておきましょう。

オーバースローで投げる

横向きの体勢
自由足を振り上げて横向きの姿勢をつくる

くるぶし
軸足のくるぶしを相手に向けて始動

軸足
体勢をまっすぐにして、軸足にしっかり体重を乗せる

1　2　3

内野手の基本

身体の正面に来たゴロを捕球する

基本に忠実なキャッチングとスローイングをマスターしよう

内野手の基本は、確実にボールをキャッチして、正確に投げるということに尽きます。とくに塁間が短いソフトボールでは、キャッチミスやスローイングミスを起こすとセーフになりがちなので、簡単なミスは絶対避けたいところです。

内野手の巧拙は、身体の正面に来た簡単なゴロのさばき方でわかります。ここで紹介しているのは、サードに転がったゴロの捕球例です。すべての基本がここに詰まっているといっても大げさではありません。

基本の構え方

- 重心は拇指球あたりにおく
- 目線はつねにバッター
- グラブは低い位置で構え捕球面をバッターのほうに向ける
- 腰を低くして左右どちらの方向にもすぐに動ける体勢を取る

身体の正面のゴロを捕球する

1 基本の構えから始動

2 ボールの正面に身体をおいて

第3章
守る フィールディング

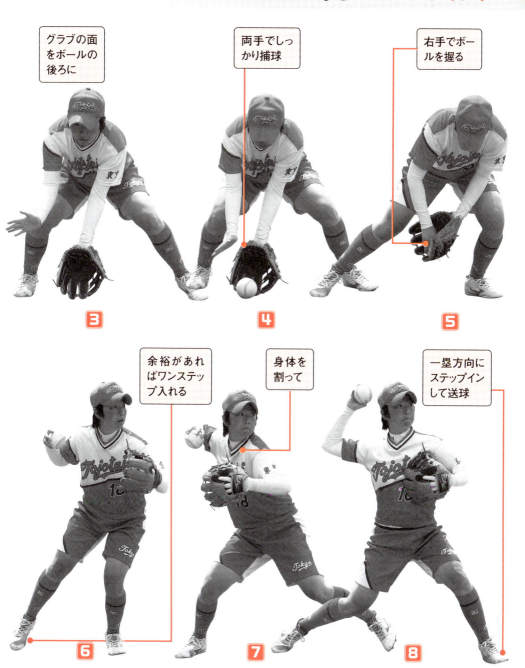

ポジション別の守備

キャッチャー

チーム全体を見渡す守備の要

　守備についたときにただ1人全体を見渡せるのが、キャッチャーです。強いチームにはたいてい良いキャッチャーがいます。それだけ重要なポジションということです。

　キャッチャーに向いているのは、冷静沈着なタイプです。どんな状況にも慌てない精神的な安定感が必要です。また、運動量が多いポジションなのでフィジカルのタフさも求められます。

　キャッチングのうまさ、肩の強さ、反応の早さなど、様々な能力が必要で、別のプレーヤーにすぐに代理がつとまるポジションではありません。そのためチームには2人以上のキャッチャーがいるのが理想です。

第3章
守る フィールディング

基本の構え方

構えたときは半身にならないことが大切。ピッチャーに対して大きく構えるのが基本。お尻が落ちると素早く動けないので、拇指球に体重を乗せた形で構える

- 右足を少し引いて構える
- ピッチャーに正対して大きく構える
- 拇指球に重心をおいてかかとを浮かせる
- ピッチャーが投げやすいようにミットを見せる
- 右手は後ろにおいてケガを防止（右手）
- NG：かかとがべったり地面についてお尻が落ちていると素早く動けない

ポジション別の守備

キャッチャー

プロテクターに当てて落とす

写真は外のコースと内のコースのショートバウンドをうまく処理したケース。ボールの方向にプロテクターの面を直角に合わせて、自分の前にボールを落とすのが基本です。

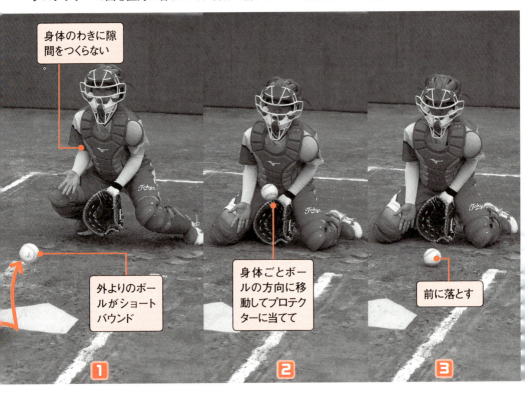

- 身体のわきに隙間をつくらない
- 1 外よりのボールがショートバウンド
- 2 身体ごとボールの方向に移動してプロテクターに当てて
- 3 前に落とす

ショートバウンドの捕球術

キャッチャーにとって最も避けたいミスは、ボールを後逸してしまうことです。ピッチャーの送球、バックホームの送球を後ろに逃してしまうミスを防ぐにはどうすればいいでしょうか。

理想はショートバウンドでもミットでキャッチすることですが、大切なのは、捕球できないときでも最低限「前に落とそう」と考えることです。このとき、プロテクターを一枚の壁に見立てて、ボールに対して面を直角に合わせることが大切です。こうすればボールは確実に自分の正面に落ちます。その際は、両腕をしめて身体のわきに隙間ができないように気をつけましょう。

第3章
守る フィールディング

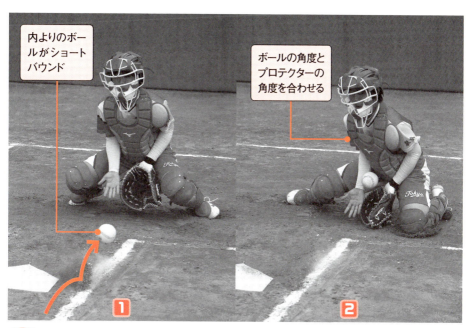

内よりのボールがショートバウンド

ボールの角度とプロテクターの角度を合わせる

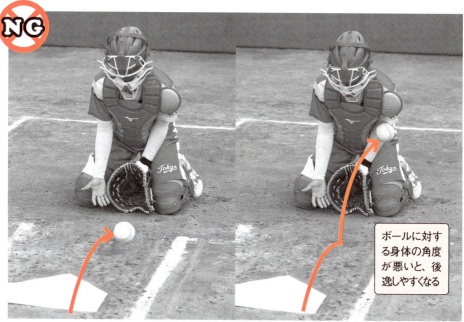

ボールに対する身体の角度が悪いと、後逸しやすくなる

ポジション別の守備

キャッチャー

バックホームの捕球術

ホームベース上のプレイでは、ギリギリのタイミングで走者をタッチアウトにする際のテクニックと、フォースプレイでアウトにした上で次のことを考えるプレイの2つがあります。両ケースでの基本を学んでいきましょう。

捕球ブロック

三塁走者をホームで刺すときはホームベースをブロックするプレイが必要です。注意しなければいけないのは、ボールをキャッチするまでは走路を防いではいけないということ。*ランナーの侵入を確認しながらしっかりとホームを守りましょう。

＊タッチする際に、ベースの一角を開けておかないとインターフェアをとられることがあるので気をつけよう

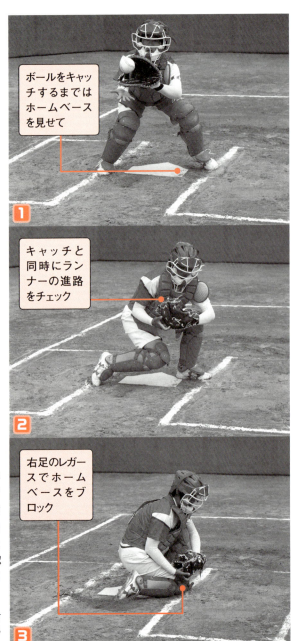

1 ボールをキャッチするまではホームベースを見せて

2 キャッチと同時にランナーの進路をチェック

3 右足のレガースでホームベースをブロック

第3章
守る フィールディング

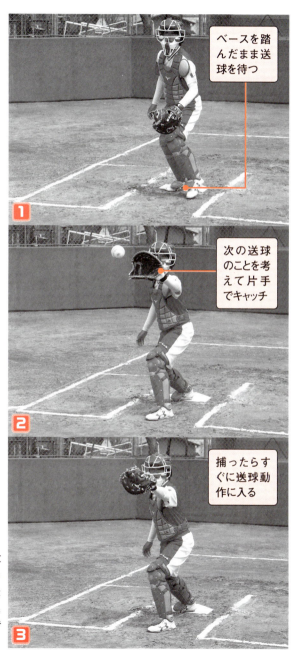

ベースを踏んだまま送球を待つ

次の送球のことを考えて片手でキャッチ

捕ったらすぐに送球動作に入る

フォースプレイ

満塁でフォースプレイの場合に大切なのは、ボールをキャッチする前から次の展開を考えて、捕ったらすぐに送球の構えに入ること。ホームゲッツーを取るのが理想です。

ポジション別の守備
キャッチャー

ファールフライの捕球術

ライズ系のボールを投げるピッチャーの場合、バッターがボールの下を叩いてファールフライが多くなります。その意味でもキャッチャーのフライ捕球術が大切になります。基本は、捕球するときに絶対に目をつぶらないこと。ボールを見失わないように要注意です。うまいキャッチャーなら、ファールチップの音やバットの出た角度でおおよその見当をつけることができます。

ファールフライを捕るときの基本

ボールが上がったらすぐにマスクを取ります。ファールフライは強いバックスピンがかかっているケースが多いので、余裕があるときは顔の前で両手でしっかり捕球するようにしましょう。

POINT　打球方向に腰を切る

これは一塁側にファールフライが上がったケース。この場合は左に腰を切ってボールを追う

後方のフライをキャッチ

後方に上がったフライをうまくキャッチするコツは、1歩目を間違わないこと。最初の1歩で打球の上がった方向に動ければ、かなり広い範囲の打球をキャッチできるはずです。

第3章
守る フィールディング

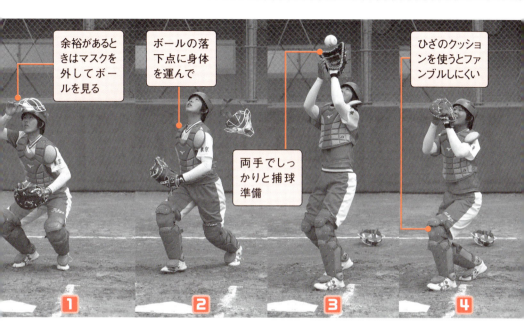

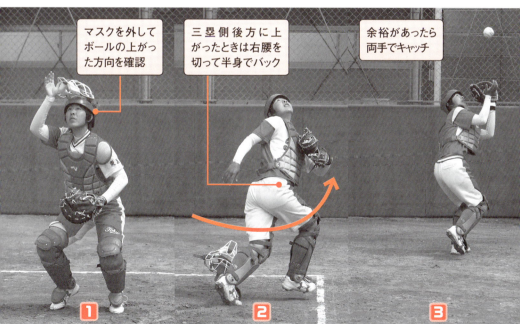

ポジション別の守備

キャッチャー

キャッチャーの前にボールを転がしてスタート

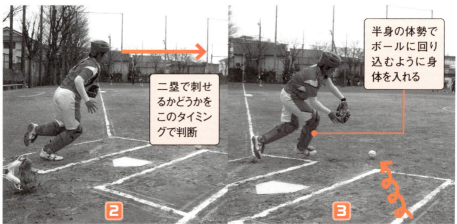

二塁で刺せるかどうかをこのタイミングで判断

半身の体勢でボールに回り込むように身体を入れる

バント処理の基本

　バントで走者を送るケースが多いソフトボールでは、他の選手への捕球の指示は、基本的にキャッチャーがします。また自分で捕るケースも多々あるので、普段からバント処理の練習はしっかりとやっておくべきです。キャッチャー前に転がったボールを捕球するときは、ボールの進路を遮断するようにミットを使うのが基本です。ピッチャーは投げ終わってからのスタートになるので、ピッチャー前のバントはできるだけキャッチャーが処理するようにしましょう。

第3章
守る フィールディング

ボールの進行方向をミットで遮断

前に動いた勢いを活かしながら

身体を割って

走者に気をつけながら一塁に送球

半身になってミットでボールを遮断

写真は送りバントで二塁への送球を諦めて一塁に投げたケースを想定。ポイントは、ボールの掴み方。前方へ転がるボールの前にミットを差し出して捕るのがキャッチャーのバント処理の基本です。

ポジション別の守備

キャッチャー

一塁走者がスタートを切ったことを確認

キャッチすると同時に半身の体勢に入って

一塁走者の盗塁を刺す

一塁走者の盗塁を刺すためには、二塁ベース上にコントロール良く速いボールを投げる必要があります。そこで大切なのが、素早いモーションで投球動作に入り、できるだけコンパクトなモーションで投げることです。ただ単に肩が強いだけでは、盗塁を刺すことはできません。

ポイントは、「割れの体勢」をつくることです。捕球動作からすぐにフットワークを使って、写真3のような体勢を早くつくれる選手が、盗塁を刺せるキャッチャーです。

第3章 守る フィールディング

軸足を踏んで左足に体重を移行する「割れの体勢」をつくる

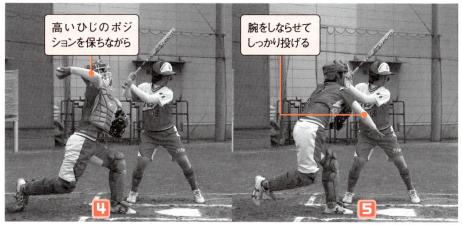

高いひじのポジションを保ちながら

腕をしならせてしっかり投げる

滑らかなフォームを意識

ぎくしゃくしたフォームになると時間をロスしてしまいます。捕る動作から投げる動作まで、停滞することなく滑らかに行えるように練習しましょう。

POINT ひざを投げる方向にまっすぐ向ける

正確に送球するためには、踏み込み足の向きが大事。軸足を踏んだら、踏み込み足は投球方向にまっすぐ踏み出す。写真のようにひざの向きがズレていないのがポイント

二塁方向にまっすぐ踏み込む

109

ポジション別の守備
キャッチャー

三塁と一塁への送球

　キャッチャーは二塁への投球だけでなく、三塁への送球、一塁への送球が必要な場合があります。そして、それぞれの方向に投げるときには、押さえておかなければいけない基本があります。

　まず三塁への送球ですが、打席に右打者がいるケースでは、打者が送球の妨げになるのでサイドステップのテクニックを使わなければいけません。また一塁走者を刺すためには、速くて小さなモーションで送球する必要があります。

三塁への送球
ボールをキャッチしたら、すぐに左にサイドステップを踏んでバッターを避けて投げる

一塁への送球
捕球すると同時に軸足を後ろにずらして、その足で反力を使って一塁へ送球。写真4のように捕球したらすぐに右肩に担いでコンパクトに投げるのもコツ

第 3 章
守る フィールディング

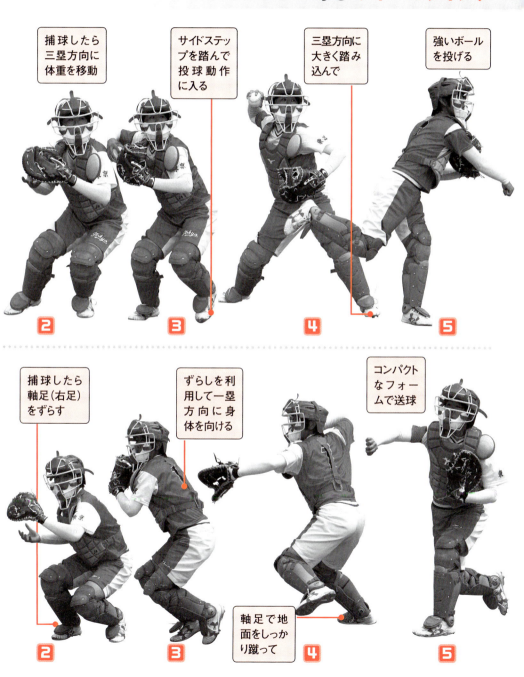

ポジション別の守備
ファースト

捕球技術に長けた選手

　一般的にファーストには長身で大柄な選手が向いているとされています。目標が大きいほうが他の内野手の送球がしやすいからです。

　また、塁間が短いソフトボールでは、一塁のアウト、セーフがギリギリのタイミングになることが多く、捕ってすぐ投げる送球が左右、高低にそれることもしばしばです。そんなボールでも対応できる捕球技術の高さもファーストには求められます。

　野手のひとりとしては、サードと同じくバッターから近いポジションに構えるので、打球に対する反応の速さや、バントの処理に対する前後の動きの速さも求められます。

第3章
守る フィールディング

基本の構え方

守備についたときの構え方は96ページで紹介したものと同じです。腰を低くして前後左右どちらの方向にもすぐに動ける体勢で構えましょう。

両手を下げてグラブを見せて構える

POINT

ミットかグラブか？

ファーストはミットを使うのが一般的だが、バント処理などはグラブのほうがしやすいのでグラブを使う選手も多くいる。扱いやすいほうで構わない（モデルの選手はグラブ使用）

捕球姿勢

内野からの送球を待つときは、右足でベースの角を踏んで、送球者の方向にまっすぐ身体を向けてグラブを差し出すのが基本。また、送球の軌道に合わせてタイミング良く踏み出すことも大切です。

送球の軌道に合わせて左足をタイミング良く踏み出す

サード、ショートからの送球を待つときはここの角を踏んで、セカンド、ライトからの送球を待つときは●の角を踏む

ポジション別の守備
ファースト

送球者のほうに身体を向ける

ファーストは大きな的となってあげることが大切です。送球者のほうに身体を向けてグラブ（ミット）を差し出し「ここに投げて！」としっかり指示しましょう。

送球者のほうに身体を向けて捕るのが基本

三塁からの返球にも関わらず足を踏み出す方向が合っていない悪い例。これではバランスが悪くなってキャッチミスしやすい

様々な送球に対する捕球術

野手から一塁への送球は、ファーストが差し出したミットに正確に投げるのが基本ですが、ボールをしっかりと握れないまま投げて逸れてしまうことも頻繁にあります。そのようなボールでもしっかりと捕球できなければなりません。ここでは、ファーストに求められる基本の捕球術を紹介します。

第3章

守る フィールディング

高いボールを捕る

高いボールを捕るときは、先に身体を伸ばしてしまうと対応できないので、ボールをキャッチするタイミングに合わせて伸び上がるのがうまく捕るコツ。ベースを踏んだまま捕れない場合は、ジャンプしても構いません。

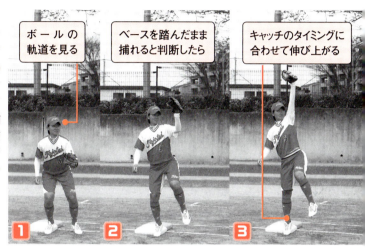

1 ボールの軌道を見る
2 ベースを踏んだまま捕れると判断したら
3 キャッチのタイミングに合わせて伸び上がる

ショートバウンドを捕る

低い送球、とくにショートバウンドはミスが出やすい捕球です。ショートバウンドをうまく捕るコツは、ボールは下から上に弾んで来るのでグラブを先においておくことです。グラブを高い位置においてタイミングだけで捕ろうとするとミスが出やすいので注意してください。

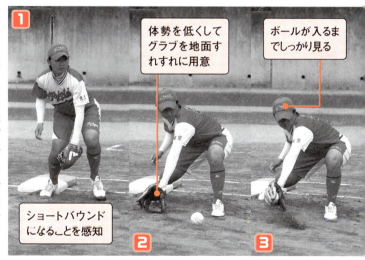

1 ショートバウンドになることを感知
2 体勢を低くしてグラブを地面すれすれに用意
3 ボールが入るまでしっかり見る

NG

グラブを高い位置にしてタイミングだけで捕ろうとするとミスが出やすい

115

ポジション別の守備
ファースト

二塁への送球とバント処理

ここではファーストの守備として、走者一塁からのフォースプレイとバント処理を紹介します。どちらのプレイも実戦の中で必要不可欠な守備。基本をしっかり学んでいきましょう。

バントを処理して一塁へ

これは走者が一塁にいると想定してのバント処理。セカンドが間に合わないときに一塁ベースカバーに入ったセカンドに送球する練習です。

素早くボールまでダッシュ

ゴロを捕ってセカンドへ

これは走者が一塁にいると想定して、ファーストゴロを捕ってすぐに二塁へ送球する練習です。

キャッチするまではボールをしっかり見るが、右足は二塁の方向に向け始めている

第3章
守る フィールディング

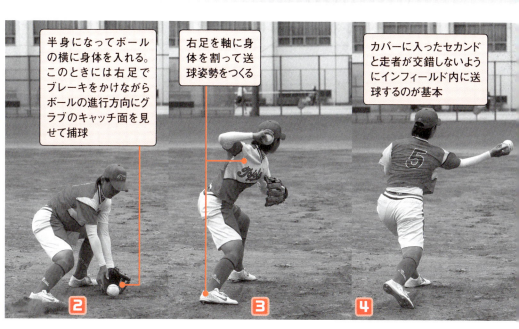

ポジション別の守備

セカンド

> **状況判断に優れた器用な選手**

　セカンドは、自分のところにボールが飛んでこないときの動きが一番多いポジションです。様々な状況でカバーに入ることが求められるので、状況判断の力をとくに鍛えたいところ。つねに次のプレイを予測しながら「こうなったらこうしよう」というイメージをもてるようになりましょう。

　強肩や身体の大きさというよりも、俊敏さや器用さが求められるポジションといえます。

第3章
守る フィールディング

基本の守備 二遊間のプレイでよく見るのは 4-6-3 のダブルプレイです。そのときの身体の使い方を見てみましょう。

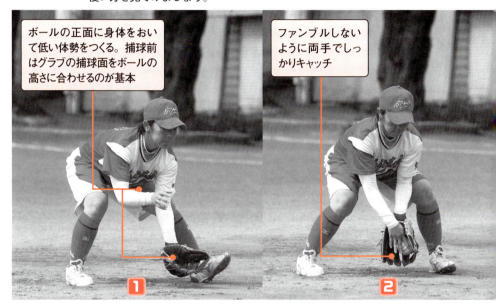

1. ボールの正面に身体をおいて低い体勢をつくる。捕球前はグラブの捕球面をボールの高さに合わせるのが基本
2. ファンブルしないように両手でしっかりキャッチ

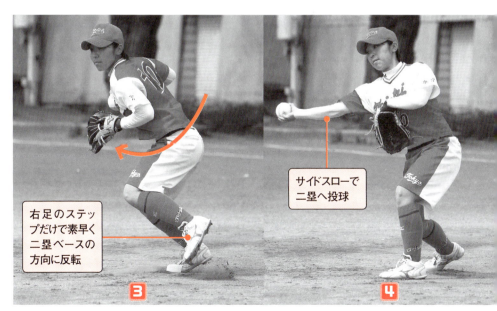

3. 右足のステップだけで素早く二塁ベースの方向に反転
4. サイドスローで二塁へ投球

ポジション別の守備
セカンド

5-4-3のベースカバー

　セカンドはベースカバーに入ることが多いポジション。一塁にも二塁にも入らなければいけません。ここで紹介しているのは走者一塁で、サードにゴロが飛んだときに二塁のベースカバーに入ったケース。走者がいるときは、つねに次のプレイを予測しながらの動きが必要です。この連続写真はサードゴロからダブルプレイを取りにいくときの基本例です。

**サードゴロから
ダブルプレイを取った例**

ボールが欲しいところにグラブを構えて、キャッチする前からベースを踏んだ右足に体重を乗せる

キャッチと同時にベースを蹴ってファーストへの送球体勢に入る

3　　4

第3章
守る フィールディング

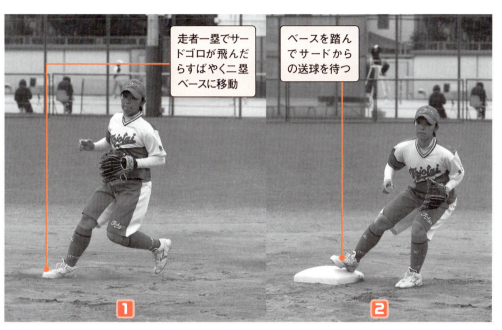

走者一塁でサードゴロが飛んだらすばやく二塁ベースに移動

ベースを踏んでサードからの送球を待つ

タイミングに余裕があるときは、このくらいしっかりステップを踏んで

ファーストに正確に送球

ポジション別の守備
セカンド

6-4-3のベースカバー

これは三遊間の打球を捕ったショートからのトスを受けて一塁に送った例です。ショートは深く守っているので、5-4-3の例とは異なる動きが必要です。このベースカバーのポイントは、ベースの後ろに回り込むようにして入り、左足でベースを踏んでいる点です。こうすることで走者の走路から身体を逃がしているので、不測の事故を防ぐことができます。ケガの防止のためにもこの入り方はしっかり練習しましょう。また、トスを受け取った後にバックステップして走者の進路から身体を逃すのも重要なポイントです。

ショートゴロからダブルプレイを取った例

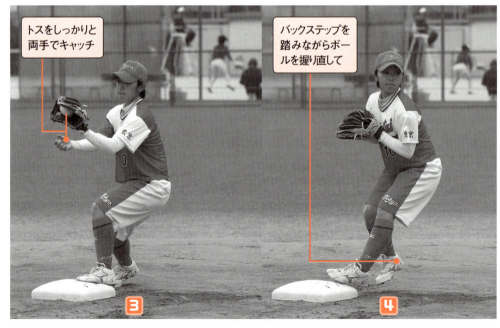

3 トスをしっかりと両手でキャッチ

4 バックステップを踏みながらボールを握り直して

第3章

守る フィールディング

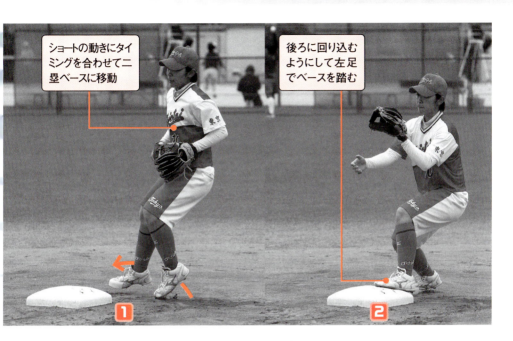

ポジション別の守備

セカンド

盗塁を刺すときのベースカバー

盗塁を刺すときは、キャッチャーとベースカバーに入った選手との連携が大切です。ベースカバーに入ったセカンドの基本を学んでいきましょう。

大切なポイントが2つあります。1つは送球を捕るときのベースをまたぐようにする身体の入れ方です。もう1つのポイントはタッチの仕方。最終的に走者はベースに走り込んでくるので、自分からタッチにいく必要はありません。写真のようにベースの前にグラブをおいておけばOKです。

二塁ベースで走者を刺した例

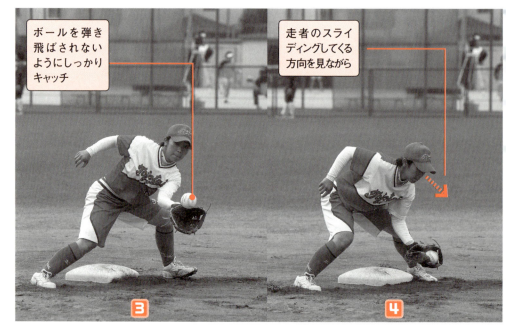

ボールを弾き飛ばされないようにしっかりキャッチ

走者のスライディングしてくる方向を見ながら

第3章
守る フィールディング

盗塁に対してセカンドがベースカバーに入るケース

二塁ベースに入るときはベースをまたぐように入って

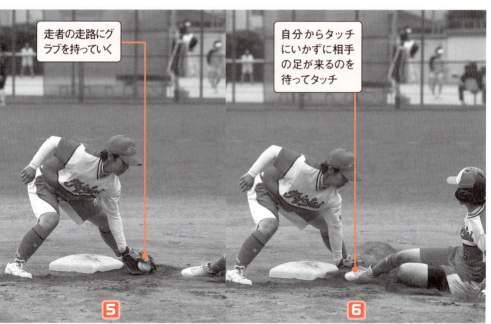

走者の走路にグラブを持っていく

自分からタッチにいかずに相手の足が来るのを待ってタッチ

ポジション別の守備
サード

反射神経の良さとガッツが必要なポジション

サードは「ホットコーナー」と呼ばれるほど強い打球が飛んでくるポジションです。とくにソフトボールの場合は打者に近い位置に構えるので、速い打球に対応できる反射神経の良さが求められます。また、ボールを怖がらないガッツがないと務まらないポジションともいえます。三塁線を抜かれると長打になってしまうので、逆シングルの捕球がうまいタイプが向いています。そして、バントに対する前への動き、素早い身のこなしからの送球（肩の強さ）能力も求められます。

第3章

守る フィールディング

捕球してから送球までの基本

うまい選手は、捕る動作と投げる動作が一連の動きになっています。連続写真を見ながら、まずは基本に忠実な動きを身に付けましょう。

POINT ボールの握り方

内野手の送球は「2本指で握る」のが基本とされているが、選手の手の大きさはそれぞれ。3本指のほうが安定するのならそれでも構わないし、手が小さな選手ならわしづかみでも構わない。一番安定して投げられる握りをみつけよう

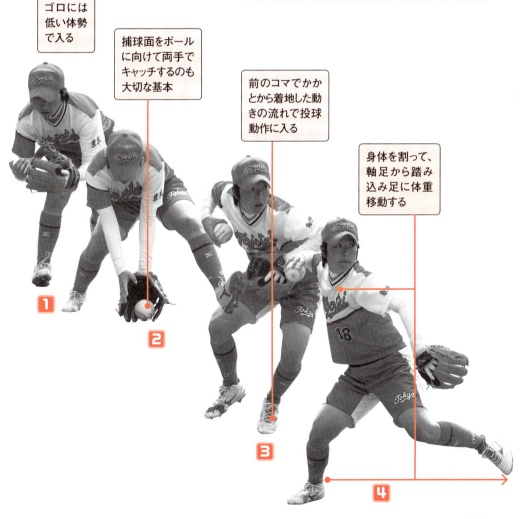

1 ゴロには低い体勢で入る

2 捕球面をボールに向けて両手でキャッチするのも大切な基本

3 前のコマでかかとから着地した動きの流れで投球動作に入る

4 身体を割って、軸足から踏み込み足に体重移動する

ポジション別の守備

サード

左右のボールの捕球術

相手が打ったボールは正面に飛んでくるよりも左右に来る場合のほうが多いものです。ここではサードの守備を例に、左方向のボールと右方向のボールの基本的な処理方法を学んでいきましょう。

左方向のボールでは、横に動いて捕るときでも体勢を低くくして、身体の面をボールに向けながらキャッチするのが基本です。このときに目線がぶれるとミスが出てしまうので、頭の位置は変えないようにしましょう。

また、右方向のボールは回り込むことができなければ逆シングルでの捕球となります。このときも捕球面をボールに向けて捕るのが基本。グラブを地面に這わせるイメージでキャッチするのがうまく捕るコツです。

三遊間のゴロを横に動いて捕る

1 低い体勢のまま横に移動

2 ボールに身体の面を見せるようにしながら

三塁線のゴロを逆シングルで捕る

1 回り込むことができなかった場合は

2 低い体勢のまま逆シングルで捕球面を見せて準備

第3章
守る フィールディング

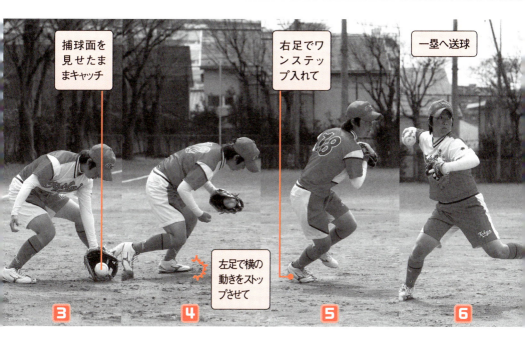

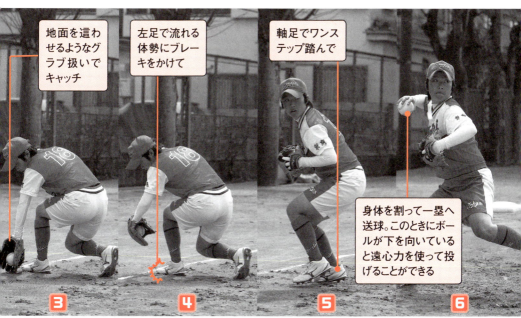

ポジション別の守備

サード

サード前の バントからの送球

　三塁前にバントされたときでも、走者がいない場合と、走者がいる（一塁）場合ではキャッチングの方法が違います。このときの基本的な考え方と身体の使い方を学んでいきましょう。

　走者がいない場合は一塁に投げるので、前に走った勢いを止めないで送球動作に入ります。このときのポイントは、少し膨れるようなラインでボールに入っていくことです（写真2）。こうすることでスムーズに送球に移れます。

　また、二塁への走者を刺したい場合は捕球まではスピード優先で一直線に走り、右足で強くブレーキをかけながらのキャッチングをしましょう。身体の前でボールを握り直すタイミングで二塁へ投げるか一塁に投げるか判断するのも、重要なポイントです。

走者なしの場合
1 三塁前にセーフティバントが転がったら
2 膨らむラインで外から内に走り込む

走者一塁の場合
1 三塁前に送りバントが転がったら
2 まっすぐに走ってボールキャッチ

第3章

守る フィールディング

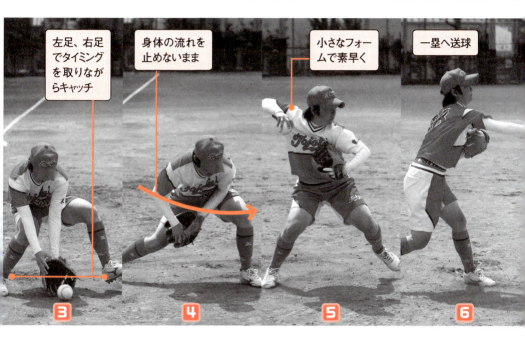

ポジション別の守備
サード

サイドスローでの送球

　ダブルプレイを取りたい場面など、素早く投げなければいけないときはクイックモーションでのスローイングが必要です。内野手は、大きなフォームのオーバースローだけでなく、コンパクトなフォームのサイドスローでも投げられなくてはいけません。

　素早くてコントロールのいい理想のサイドスローを習得すれば、守備のレベルが一段上がります。

サイドスローでセカンドへ送球

1　ボールをキャッチしたら

2　上体を起こさないまま送球動作に入る

3　このときに下向きにボールを握り、ひじの位置が高いのがポイント

第3章
守る フィールディング

サイドスローの練習法

横手から投げるサイドスローは慣れていないとうまくコントロールできません。普段からサイドスロー用の練習を取り入れましょう。身体の横においたボールを拾って投げる練習は単純ですが、サイドスローをマスターするには最適の方法です。軸足1本でも正確に相手に投げられるようになりましょう。

1. 身体の横においたボールを拾って
2. 軸足1本のままひじを高い位置にキープ
3. 相手に向かってまっすぐに投げる

4. 上体の姿勢を維持したまま頭のポジションから
5. 横手投げでスローイング
6. 二塁で走者を刺す

ポジション別の守備
ショート

> **総合力を求められる要のポジション**

　ショートはソフトボールでは内野の要ともいえるポジションです。ボールに向かうスピードが速い選手、捕球してから送球がすばやい選手、肩が強い選手が向いています。

　また、ショートは内野のなかでも一番深いポジションで、もっとも多くの打球が飛んできます。そのため、左右の守備範囲の広さ、捕球技術の確かさ、臨機応変なベースカバーの能力など、守備における高い総合力が求められます。

第3章

守る フィールディング

三遊間のゴロをさばくときの基本

内野手の中でもっとも広い守備範囲を求められるのがショートです。様々な打球に対して身体の正面で捕って、一塁で確実にアウトにする安定感と俊敏さを目指しましょう。

1 ボールのバウンドを見極めながら素早く移動

2 捕球面を見せながら両手でキャッチにいくのが基本

3 両足の間に下ろしたグラブで確実にキャッチ

4 右足のブレーキを利用してノーステップで一塁へ。ノーステップでも投げられる肩の強さが求められる

ポジション別の守備
ショート

二遊間のボールの捕球術

ショートには球際に強くなってほしいので、ノックも左右に大きく振ることが多くなります。

キャッチングがうまい選手に共通していえるのは、ボールを捕るときのグラブの角度づくりが優れているということ。捕球するときは、グラブの捕球面がしっかり向いていないとボールが入りません。

また、予測が悪いと普段とどく範囲の打球でも飛び込んで捕ることになります。飛び込んでのキャッチは不安定になるので避けたいもの。レベルの高い選手はダイブするプレイが少ないということも頭に入れておいてください。

二遊間のゴロをさばく

二遊間のゴロを捕るときは、サイドステップを使いながらボールに対して身体が正面になるように動くのが基本です。捕球したらいったんグラブをお腹に持っていき、しっかり握り変えて正確な送球を心掛けましょう。

厳しい打球をさばく

きわどい打球でも飛び込まずに安定した送球ができるのが理想です。こうした球際の強さがショートには求められます。

第3章

守る フィールディング

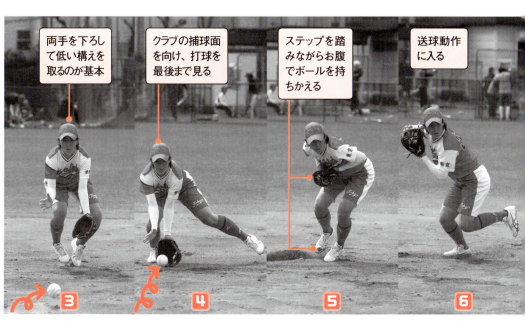

3 両手を下ろして低い構えを取るのが基本

4 クラブの捕球面を向け、打球を最後まで見る

5 ステップを踏みながらお腹でボールを持ちかえる

6 送球動作に入る

3 キャッチできたのは身体よりも後ろのギリギリのタイミング

4 身体の流れを利用して回転

5 体勢を立て直してから

6 一塁へ送球

ポジション別の守備

ショート

ジャンピングスロー

意図せずに打たれたショートゴロは、もともとの守備位置が深いだけにセーフになりやすい打球といえます。それをアウトにするためには、捕球したままジャンプして投げる守備が必要です。

ここでは高度なテクニックであるジャンピングスローのポイントと注意点を紹介します。

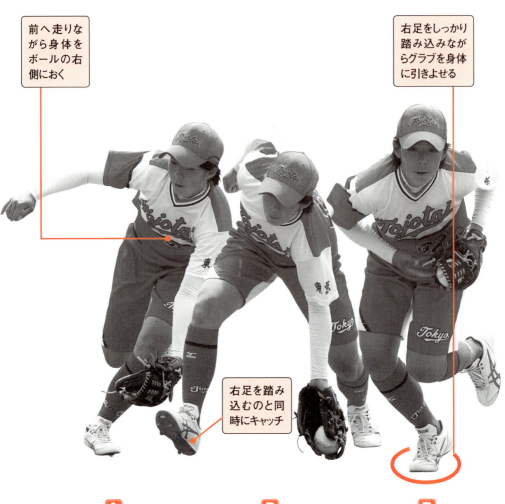

前へ走りながら身体をボールの右側におく

右足をしっかり踏み込みながらグラブを身体に引きよせる

右足を踏み込むのと同時にキャッチ

1　　2　　3

第3章

守る フィールディング

POINT 左足、右足からの2ステップで投げる

ポイントは動きを止めないこと。前に走り込んで左足、右足の2ステップでジャンプしながら投げるのがコツ。

スリークォーター(サイド)で一塁へ。この写真のようにバランスが保たれているのが理想

左足から

右足に軸を移し変えて

2ステップめでジャンプ

4　　5　　6　　7

ポジション別の守備
ショート

4−6−3のダブルプレイ

これはセカンドからの送球を受けて、4−6−3のダブルプレイを完成させた例です。このプレイのポイントは、セカンドの状況をベースの後ろで見ながら、ちょうど良いタイミングでベースに入ることです。余裕がないときはベースを擦るような入り方が必要ですが、基本の入り方はここで紹介する方法です。また、ベースに入るときは走者と交錯しないように●のベースの角を踏み、走路を外しながら一塁に送球するようにしましょう。

セカンドゴロから
ダブルプレイを取った例

セカンドの送球をベース上でキャッチ

ベースの外側に足をおくのが基本

第３章
守る フィールディング

ポジション別の守備
ショート

盗塁を刺すベースカバー

盗塁の際の二塁へのベースカバーは、セカンドが入るパターンとショートが入るパターンがあります。チームによっては、どちらが入るか決めているかもしれませんが、どちらが入ってもうまくこなせるように練習しておきましょう。

写真では、ショートが走者に対してタッチしやすい場所に送球が来ています。そのためショートはベースをまたいで入り、走者の進路にグラブをおいて待つという、基本をしっかり押さえたプレーができています。

二塁ベースで走者を刺した例

低い体勢でベースに走り込む

ボールを見ながらしっかり捕球

3 4

第3章
守る フィールディング

盗塁に対してショートがベースカバーに入るケース

キャッチャーの送球を見ながら

スライディングしてくる走者がいるため、ベースをまたぐ

走者の走路にグラブをおいて相手の足が来るのを待ってタッチ

ポジション別の守備

外野手

> ポジション別の
> 特徴を踏まえてシフトしよう

外野手に求められる基本項目は、足の速さとキャッチング能力です。また、ボールへの判断力が優れていないと、捕れるボールが手前に落ちたり、頭を越されたりするケースが多くなるので、目の良さやボール勘も必要です。

ポジション別の特徴を挙げると、レフトはレフト線にスライス（左打者）ドライブ（右打者）の打球が多いので、逆シングルでの捕球技術が求められます。

センターはもっとも広い守備範囲をカバーすることになるので、足の速さと肩の強さが求められます。

ライトは、フィールドが狭い分、ライト前のヒットでも一塁で刺せる（ライトゴロ）ケースがあるので、内野手的な能力も必要です。第二の内野手ともいえるポジションです。

レフト

三塁側へときれていくフライが多いのでその捕球技術を磨こう

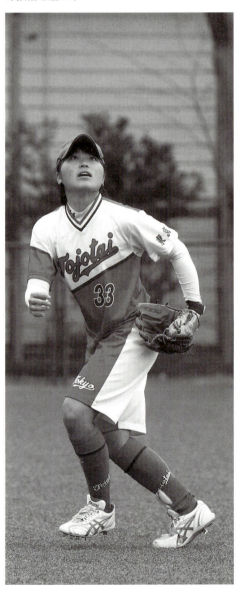

第3章
守る フィールディング

センター
足が速くて守備範囲が広く、肩も強い選手が求められる

ライト
内野手的なセンスを持った選手をおくケースが多い

ポジション別の守備

外野手

フライを捕る

外野手の守備というと、フライを捕ったり、内野を抜けた打球を止めたり、バックホームなどをイメージします。

しかしそれ以上に大切なのが、状況の把握です。アウトカウントはいくつで、塁上にランナーがいるのか、いないのか、いるなら、自分は次にどうすれば良いのか……といったことをつねにイメージしながら守備につかなければいけません。

試合の状況に応じた動きの基本を、しっかり身に付けましょう。

構え方

バッターを見ながら半身で構えるのが外野手の基本的な構え方

外野手は内野手のように低く構える必要はありません。ただし、すぐにスタートを切れるように、拇指球付近に加重して構えることが大切です。また、フライを捕るときは、後ろに下がることが多いので、すぐに下がれるように半身に構えて準備するのも大切なポイントです（写真1）。

第3章
守る フィールディング

フライのキャッチ 定位置にフライが上がったときは、左足を前にしておでこの前で三角形を作って捕球します。より捕球を確実にするために、走者がいないときは両手で捕るように心掛けましょう。

- フライが上がったら左足を前にして半身になりながらボールを見る
- ボールの落下地点よりも少しだけ後ろに下がることが大事
- おでこの前で三角形をつくって捕球する

1　2　3

ポジション別の守備

外野手

後方のフライを捕る

飛んでくるのは定位置へのフライだけではありません。次は、ポジションよりも後方に上がったフライの捕り方を学んでいきましょう。

大切なポイントは、ボールの落下地点を正確に予測して、素早く身体を運ぶことです。また、右後方に上がったフライと左後方に上がったフライでは身体のさばき方が違ってくるので、そこも注意しましょう。

右後方のフライ

右後方にフライが上がったら、半身の上体から右に腰を切って落下地点まで素早く移動します。
後方のフライは両手で捕れるケースは少ないのでシングルキャッチでも構いませんが、キャッチするときにはグラブの面をボールにしっかり向けることが大切です。

半身の体勢から右に腰を切ってスタート

左後方のフライ

左後方にフライが上がったら、左に腰を切って落下地点まで移動します。外野手が右利きの場合は、キャッチした体勢がスローイングに結びつかないので、捕ったら1歩ステップを踏んで身体の向きを変える必要があります。

半身の体勢から左に腰を切ってスタート

第3章
守る フィールディング

ポジション別の守備

外野手

抜けてきたゴロを捕る

内野の間を抜けてきた打球でも走者がいるケースと、いないケースでは処理の仕方が異なります。

走者がいない場合は、次の塁を与えないために絶対に逸らさない捕り方をするのが基本。

走者がいる場合は、バックホームを防がなければいけないこともあるので、次の送球につながる捕り方が基本となります。

走者がいない場合のゴロ捕球

走者がいない場合は、確実にボールを止めるキャッチングを心掛けましょう。ポイントは、片ひざをついて、身体の前の隙間を狭める捕り方をすること。これはキャッチャーが低めのボールを捕る際と同じです。

バウンドを確認しながらボールの正面に身体を運ぶ

走者をバックホームで刺すときのゴロ捕球

バックホームが必要なときはボールを待っていては間に合いません。自分のほうからボールとの距離を縮めるフットワークが必要です。捕球の際は、左足の外側で捕るのが理想。そうすると身体の勢いを止めないままスローイングにもっていけます。

ボールを見ながら走って距離を詰める

第3章

守る フィールディング

2 右ひざをついて身体の隙間をつくらないようにする。イレギュラーしても身体で止められるように

3 ファンブルしないようにかならず左手を添えてキャッチ

2 左足の外側でボールをキャッチできる体勢。身体とボールが離れないように注意

3 身体の勢いを止めないように左足を踏み込みながらキャッチ

ポジション別の守備

外野手

バックホーム

走者が三塁にいて外野フライが上がったとき、走者はタッチアップでスタートを切ってくることが考えられます。これを刺すのが外野手の腕の見せ所。肩の強さも求められますが、それよりも大切なのは、バックホームしやすい体勢で捕球することです。

1. ボールの落下地点よりも後ろに身体をおいて準備
2. 助走をつけながらキャッチングに入る
3. おでこの辺りでキャッチ
4. 捕ったら胸の前でボールを持ち替えて

第3章

守る フィールディング

助走をつけてキャッチする

走者をアウトにするためには、できるだけ強くて速いボールを投げる必要があります。それを最大限引き出すのが、助走をつけてキャッチして、その勢いをスローイングにつなげる運動です。連続写真を見ながらポイントをおさえましょう。

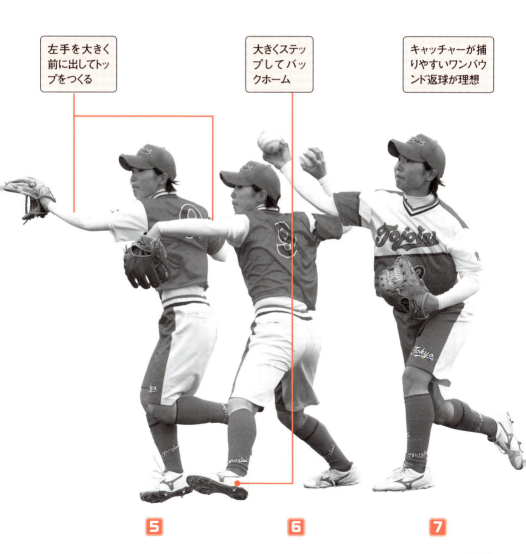

左手を大きく前に出してトップをつくる

大きくステップしてバックホーム

キャッチャーが捕りやすいワンバウンド返球が理想

第4章

走る
ベースランニ

足の速さは武器になりますが、その上で大切なのが、ベースランニングの「うまさ」です。ソフトボールの塁間は 18.29 メートル。直線距離では短いように思われますが、4つのベースを最速で回るためには進路を変えながら走るテクニックが必要です。この章では、各場面に応じたランニングの基本を学んでいきましょう。

ベースランニングの基本

一塁への走塁

全力で直線を走り抜ける

打ったらすぐに走る。これがベースランニングの第一歩です。塁間が短いソフトボールでは、内野ゴロでもセーフになるチャンスがあります。とくに足が速い左バッターの場合は、内野安打で塁に出る可能性も高く、それがチームの大きな武器となることもしばしばです。まずは左バッターを例に、一塁への走塁の基本を学んでいきましょう。

1 打ったら踏み込んだ前足で地面を蹴って

2 1歩目の歩幅が大き過ぎるとスピードに乗らないので小さめに

5 全力疾走で

6 オレンジベースに切れ込むようにしながら

第4章
走る ベースランニング

ライン上を一直線に走る

内野ゴロを打った場合は、とにかく一直線にオレンジベースに向かって走ります。大切なのは1歩目のスタート。左バッターなら踏み込んだ右足の蹴りが大切。ここで反力を使えるとスタートが早くなります。

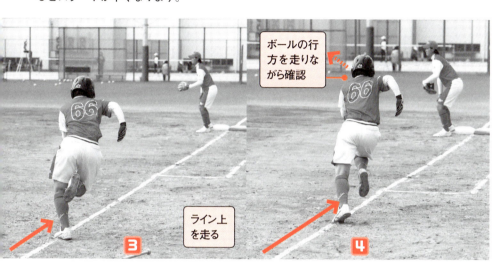

3

4 ボールの行方を走りながら確認

ライン上を走る

7 ベースの外側手前を踏むのが理想

8 スピードを緩めずに駆け抜ける

ベースランニングの基本
一塁から二塁を狙う走塁

次の塁を狙えるラインで走る

打った打球がヒットになったり、外野の間を抜けそうなときは、一塁を駆け抜ける156、157ページのようなランニングをしてはいけません。ひとつでも先の塁を奪う走り方をする必要があります。ここでは右バッターを例に、次の塁を狙うランニング法を学んでいきましょう。

膨らむラインで走ってスピードを落とさない

スピードに乗って走る走者は直角には曲がれません。スピードを落とさずに一塁から二塁に走るときは、膨らむラインで走るのが基本です。また一塁から二塁に向かうときは、ベース内側を左足で踏むのも大切なポイントです。

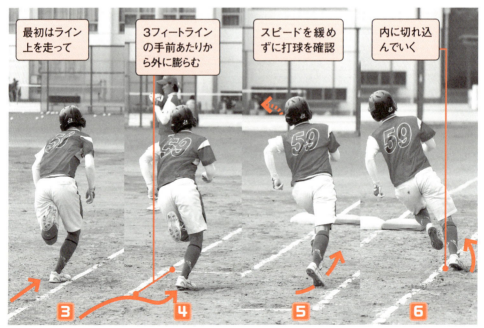

- ③ 最初はライン上を走って
- ④ 3フィートラインの手前あたりから外に膨らむ
- ⑤ スピードを緩めずに打球を確認
- ⑥ 内に切れ込んでいく

第4章
走る ベースランニング

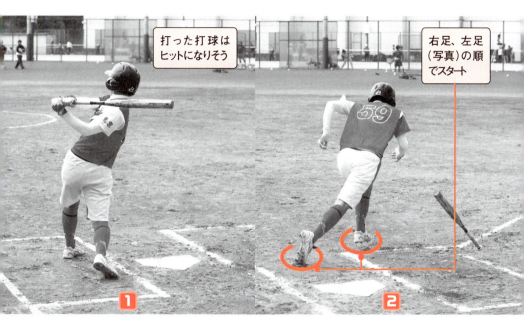

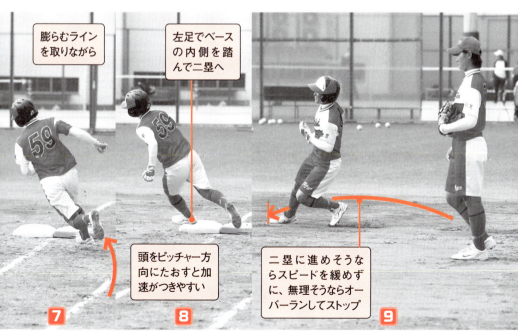

ベースランニングの基本

一塁走者のリードオフ

次の塁を狙う離塁

ソフトボールでは、ピッチャーの手からボールが離れる前に塁を離れるとアウトになってしまいます。そこで大切になるのが、投球と同時に早くスタートを切る離塁（リードオフ）のテクニックです。どうすれば早いスタートを切れるのかポイントを学んでいきましょう。

ローリングスタート　キホン!

利き足（地面を蹴る足）を後ろにおいたローリングスタート。大切なポイントは、前にある足のつま先を地面につけていること。NGのようにベースに乗せていると強い蹴り出しができない

左足が利き足（蹴り足）の選手のローリングスタート

NG

右足が利き足の選手はこの足のおき方になる。足の裏全体がベースに乗っているのはNG

第4章

走る ベースランニング

POINT 自分に適した方法で構わない

離塁の方法としては、片足をベースの内側、もう片方の足をベースの後ろにおいた「ローリングスタート」、片足をベースの内側、もう片方の足を進塁方向においた「ストレート・オン・メソッド」、左足をベースの端において身体をピッチャーの方向に向けた「クロスオーバースタート」と3つのやり方があるが、多くの選手は「ローリングスタート」を使う。これは離塁アウトを防止するためのスタート方法だ

ピッチャーを一番見やすいのはこのクロスオーバースタート

ベースランニングの基本

二塁への盗塁

スライディングのテクニック

　盗塁するときに必要なテクニックがスライディングです。その方法としては①ベントレッグスライディング、②フックスライディング、③ヘッドスライディングの3つがありますが、滑り込んだ後にすぐに次の塁を狙える①を推奨します。②、③はケガをする危険性が高いので、中学、高校生にはあまりお勧めできません。ここでは基本のベントレッグスライディングのポイントをしっかりおさえましょう。

ベースの近くでさっと滑る

スライディングには、正しい距離感が欠かせません。滑り出しが遠すぎると足がベースに届かない場合もあり、届かせようと無理をすると相手にケガをさせることもあるので注意しましょう。スライディングの基本は上に飛ばないこと。ベースに近いところでコンパクトに滑るのが理想です。スライディングしたときに、体重が内側にあるとすぐに体勢を立て直せるため、三塁を狙いやすくなります。また、逆足で滑り込まないように注意しましょう。

第4章
走る ベースランニング

POINT
自分に合った滑り出しを身に付けよう

スライディングは自分の距離感で滑り込むのが基本。どこで滑り込み始めるか練習で身に付けよう

ケガをする危険性が高いフックスライディングはNG

タッチをかいくぐるテクニックとしてフックスライディングもあるが、これは右足のスパイクで左のももを切ってしまう危険があるのでお勧めできない

3 右足を前にスライディング開始

2 左足を軸にして

1 盗塁するときは全力疾走

ベースランニングの基本

ホームを狙う走塁

回り込みスライディングのテクニック

スライディングのもうひとつのテクニックが、本塁でキャッチャーのタッチをかいくぐる回り込みの技術です。ケガを避ける意味でもキャッチャーと接触しない回り込みのテクニックは身に付けたいところ。ここでは、ライトからの返球に回り込んだ例を参考に、ポイントを紹介しておきます。

先に身体を逃がして左手でベースタッチ

回り込みのスライディングは、キャッチャーが追いタッチになるライト方向からの返球のときにとくに有効です。ポイントは、まず先に身体を外側に逃がしてミットから届かない位置に身体を持っていくこと。タッチしてくるミットをかいくぐりながら左手でベースをタッチします。

POINT

野手の動きとは逆に動く

どのスライディングをするのか、ランナーは走りながら状況を判断しなければならない。野手がいないほうに回り込んで、一瞬のチャンスを逃さずにタイミングよくタッチしよう。最初から手を出しているとタッチされやすいので注意

先に身体を逃しながらスライディング開始

❸

第4章
走る ベースランニング

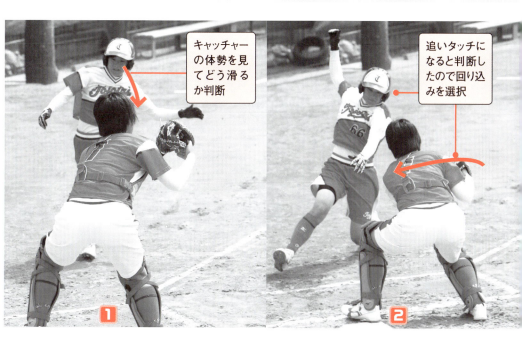

ベースコーチの役割

走者に的確な指示を出す

> ### 「GO」or「STOP」の指示をはっきりと出す

一塁ベース脇と三塁ベース脇にあるのがコーチズボックスです。ここに入るベースコーチは走塁の手助けをする重要な役割があります。

とくに大切なのが三塁ベースコーチです。走者に代わって状況判断し、的確な指示を与えるのが三塁ベースコーチの役割。

例えば、走者二塁でヒットが出たとき、三塁を回るのか、止まるかの判断は走者にはできません。三塁ベースコーチは、回すときは腕をぐるぐる回し、止めるときは両腕を広げてストップをかけます。単純な仕事のように思えますが、外野が捕球した位置や肩の強さをわかっていないと正確な判断はできません。試合前のシートノックなどを見ながら対戦相手の外野手の特徴を事前に頭に入れておく緻密さが求められます。

回す、止めるの指示は大きなアクションではっきりと出すように

第4章 ネクストバッターの役割

本塁に還ってくる走者に指示を出す

滑り込む方向の指示を出す

ネクストバッターにも、走者へ指示を出す場面があります。

例えば走者二塁でヒットが出たとき、走者三塁で外野フライが飛んだとき、ネクストバッターの最初の仕事は、ホームを狙う走者の邪魔にならないようにバットを引くことですが、それだけでは終りません。

大切なのは、ホームベースの後ろに立ってランナーコーチャーの代わりになることです。外野からのバックホームとキャッチャーの体勢を見ながら、走者が生還できるように、滑り込む方向をはっきりと指示しましょう。

左に回り込め

本塁に突入する走者に最後の指示を与えるのがネクストバッター。滑り込む方向をわかりやすく伝えよう

第5章

連携
チームプレイ

バッティングやフィールディングなど、個々の技術を磨くことは大切ですが、それだけでは試合に勝てません。勝つためには、チームとしての連携が必要不可欠です。この章では、様々なケース別に守備側と攻撃側のチームとしての連携をOK例とNG例を挙げながら紹介していきます。

チームプレイ

基本の守備位置

> 守備位置と背番号

　まずはじめに、走者がいないケースでの基本となる守備位置を紹介しておきます。野手のポジションナンバーとともに、しっかり頭に入れておきましょう。

基本の守備位置

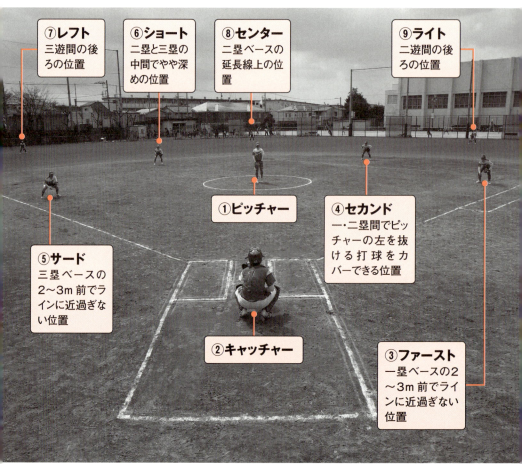

⑦レフト
三遊間の後ろの位置

⑥ショート
二塁と三塁の中間でやや深めの位置

⑧センター
二塁ベースの延長線上の位置

⑨ライト
二遊間の後ろの位置

①ピッチャー

④セカンド
一・二塁間でピッチャーの左を抜ける打球をカバーできる位置

⑤サード
三塁ベースの2〜3m前でラインに近過ぎない位置

②キャッチャー

③ファースト
一塁ベースの2〜3m前でラインに近過ぎない位置

第5章

ソフトボールのグラウンド

自分たちが戦うグラウンドの名称とサイズもしっかり頭に入れておこう。

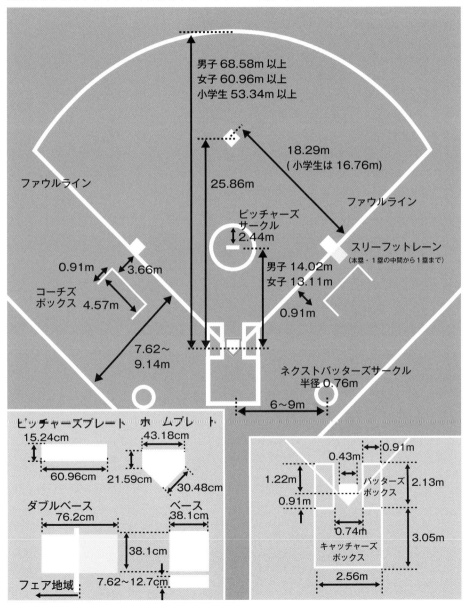

*（注）投球距離＝小学生は 10.67m、中学・高校女子は 12.19m

チームプレイ

走者をおいたときの基本的な守備位置

走者なし
右バッターと左バッターでセカンド、ショート、また、外野も臨機応変に対応することが大切

走者なしのケースの基本ポジション

状況別に守備位置を移動する

　守備位置は状況によって変動するのが基本です。ここではノーアウトで、「走者なし」、「走者一塁」、「走者一・二塁」、「満塁」のケース別に守備位置の基本形を紹介しておきます。もちろん、アウトカウント、敵チームの戦術傾向、バッターが振ってくるタイプか当ててくるタイプか、といったことで柔軟に対応する必要がありますが、まずは写真の「基本形」をしっかり頭に入れておくことが大切です。

第5章

走者一塁

点数差がない場合は一塁走者を二塁に送りたいところ。バントや叩きつけた進塁打を狙ってくることを想定した守備陣形を取るのが基本

盗塁を防ぐため、ショートは二塁よりに守る

走者一・二塁

このケースも基本は走者一塁のときと同じ。バッターは、サードとショートに捕らせたくないので、ファーストとセカンドの間を狙って転がすのが基本。それを踏まえて各内野手はベースカバーを考える

内野手はゲッツーを取ることを考えながら守る

満塁

満塁では、ホームでフォースプレイを取りたいケース。バックホームでのアウトを狙うので内野は前進守備が基本

内野手はバックホームとゲッツーの両方を考えながら守る

チームプレイ

走者一塁からバント

走者一塁から打者は
送りバントの構え

送りバントの成功例

　実力が拮抗したチーム同士の対戦になると1点を競う試合が多くなります。少ないチャンスを活かすために用いられるのが走者を進塁させる送りバントです。とくにノーアウトランナー一塁のケースは、攻撃側はぜひとも二塁に走者を進めたいし、守備側は何としても進めたくない状況。このケースでの送りバントの成功例と失敗例をシュミレーションしてみましょう。

　まずは送りバント成功の例です。二塁に進めるときに理想的なのは一塁前にボールの勢いを殺したバントです。ファーストに捕らせれば、二塁へ投げるための切り替えの時間が必要なので、サードに捕られるよりもセーフになる可能性が高くなります。また、走者一塁でバントシフトを取ったときは、二塁にはショートが入り、一塁にはセカンド、三塁にはピッチャーがカバーに入るのが基本的なフォーメーションとなります。

第5章
ケース1

OK 成功例

2 バント処理のためにサードとファーストが前進してくる

5 ベースカバーに入ったセカンドに送球

3 ファーストの前にバントの打球が転がる

POINT

キーはキャッチャーの指示

走者を二塁で刺したい守備者は、捕球したらすぐに二塁へ送球したい。しかし、間に合わないタイミングで二塁へ送球してしまうとフィルダースチョイスとなり、一・二塁走者がオールセーフになってしまう。そのため全体が見えるキャッチャーの指示は重要になる

4 ファーストが捕球するタイミングで二塁への送球は間に合わないため、キャッチャーは一塁への送球を指示

キャッチャーは守備者と走者を見ながら大きな声で送球の指示をしなければいけない

チームプレイ
走者一塁からバント

走者一塁から打者は送りバントの構え

①

送りバントの失敗例

　ソフトボールはピッチャーの手からボールが離れるまで離塁できないので、本当に良いバントをしないと二塁で刺される可能性が高くなります。この写真が典型的な失敗例です。

　サードとファーストのダッシュが良いと、バッターには「この2人に捕られてはいけない」というプレッシャーがかか

ります。そのような場合に考えるのがピッチャー前のバントです。しかし、そのバントが強くなってしまうとピッチャーから二塁への送球で刺されてしまいます。

　また、勢いを殺しすぎるとキャッチャーに処理されてこれも二塁で刺されてしまいます。守備側は、思い切ったバントシフトを敷いて、バッターにこのようなプレッシャーをかけることが大切です。

第5章
ケース2

NG 失敗例

サードとファーストがダッシュ

2

サードとファーストのプレッシャーでバントはピッチャー前に

3

二塁への送球はフォースプレイなので刺される危険性が大きい

4

POINT

自分がバッターならピッチャーとキャッチャーの中間に転がす

サードとファーストのダッシュがいいときは、ピッチャー前のバントが有効。ピッチャーとキャッチャーの前に転がすバントをすればサードやファーストに捕球されてもセーフになる確率が高い

サード

この位置でサードに捕球されてもセーフになる

チームプレイ
走者二塁からバント

走者二塁から送りバント

送りバントの成功例

走者二塁と走者三塁では、得点できる確率がかなり高くなります。とくに走者が三塁にいるとバッテリー間のミスでも得点につながりやすくなります。そういった意味でもノーアウトランナー二塁からスタートする「タイブレーカー」では、走者を三塁に進める送りバントが有効です。

まずは走者をバントで三塁に進めた成功例です。走者一塁のケースと違うのは三塁がフォースプレイでなくタッチプレイになる点です。写真はファースト前に転がしてセーフになった例ですが、ファーストが捕球したタイミングで走者はまだ三遊間の位置。それでもキャッチャーは一塁を指示。これで送りバント成功です。

第 5 章
ケース 3

OK 成功例

2 送りバントは自分が生きるためのバントではないのでボールが転がるまで見る

送りバント成功

5

3 ファーストが捕球するときにショートは三塁ベースに、セカンドは一塁ベースに入る

4 走者とのタイミングを見たキャッチャーとベースカバーに入ったショートが一塁を指示

POINT

守備者が迷う位置に転がす

下の写真は守備側がお見合いになってしまった例。こうなったのは、ファーストとサードの声のかけ合いがうまくいかなかったから。守備では互いの声かけは欠かせない

ファーストが捕るべきボールにサードが働きかけてお見合い

チームプレイ
走者二塁からバント

走者二塁から送りバント

①

送りバントの失敗例

　これは送りバント失敗の例です。この場合は、二塁走者のスタートが遅いこと、かつバッターの打球の方向が悪かったため、三塁でアウトになってしまったパターンです。

　走者はバットにボールが当たる瞬間に集中して、少しでも早くスタートを切りましょう。一方でバッターは打球の方向に注意しなければなりません。この場合は、ピッチャー前に転がすのが有効です。

第5章
ケース4

NG 失敗例

2 二塁走者のスタートが遅れ気味

5 ボールを弾かれないようにしっかり捕球してタッチ

3 サードが捕球したタイミングでショートがカバーに

4 三塁のタッチアウトが成立するタイミング

POINT

プッシュバント

これは走者一・二塁でプッシュバントを狙っているところ。バントの構えを見せた瞬間にセカンドは一塁ベースに入ることになるので、セカンドの定位置にプッシュバントを転がすことができれば、アウトカウントを増やさずに満塁の状況をつくることができる

このスペースに強めのバントを転がす

チームプレイ
走者一・二塁からの進塁打

走者一・二塁のケースをシミュレーション

走者を進めた成功例

例えば1番バッターが出塁したとして、クリーンナップにつなぐ2番バッターの大きな役割は走者を次の塁に進めることです。とくに相手のピッチャーがいい場合は、走者をひとつ進塁させる犠打の巧拙が勝敗を分けることもあります。

走者一塁や走者一・二塁で走者を進塁させるときは、サードやショートへの打球は避けて、右方向に転がすのが基本です。このときには成功例のように走者の背後に打つと確実に送ることができます。

走者が走る先に打つと、次のページの失敗例のようにダブルプレイになることもあるので注意しましょう。

第 5 章
ケース5

OK 成功例

ボールを引っ張って ②

この打球なら送り成功 ⑤

左バッターだったらボールの上を叩いてセカンド方向に引っ張る。走者の背後にボールを転がすことができれば成功。

セカンド方向に転がす ③

POINT

右バッター

右バッターも流し打ちはフライになりやすいため、しっかりとセカンド方向にゴロを転がすのが基本。叩き付けてセカンドに捕らせる打球の練習をしっかりとしよう

走者の後ろに打球が転がるのが理想 ④

右バッターが流すときは左足がバッターズボックスからはみ出さないように注意しよう

チームプレイ
走者一・二塁からの進塁打

走者一・二塁のケースをシミュレーション

ダブルプレイになってしまった失敗例

走者一塁や走者一・二塁のケースで基本通りの右打ちをしても失敗するケースがあります。それがこのNG例です。

このケースのバッティングは走者を進める意図は感じられますが、打球が速かったため、セカンドが捕球してそのまま走者がタッチされてしまい、ダブルプレイとなってしまいました。

「走者の背後」に打つのが進塁打では大切な要素となるので、打球の強弱や方向をつねに意識しましょう。

第5章
ケース6

NG 失敗例

2 セカンド方向に打つ

5 三塁送球でダブルプレイを取られてしまうケースもある

アウト

強い打球を二塁ベース寄りに打ってしまうと、二塁走者をサードで刺されてしまうこともあるし、写真のように走者にタッチしてからの一塁転送でダブルプレイになってしまうこともあるので注意しよう

3 速い打球がセカンドの正面に転がると

アウト

4 走者にタッチしてから

POINT

高いバウンドなら時間を稼げる

セカンド方向に転がすのが苦手な選手なら、叩き付けてボールを高く弾ませるのもひとつの方法。時間を稼いで走者を進める打法だ

叩き付ける打球ならピッチャーに捕られてもOK

チームプレイ

走者二塁からセンター前ヒットでバックホーム（中継なし）

走者二塁からセンター前にヒットが出た状況

バックホームで走者を刺す

　7回を終えて同点の場合は、8回の表からノーアウトランナー二塁からスタートする「タイブレーカー」の試合になるので、走者二塁からの守備は重点的に練習しておく必要があります。そうした中でとくに重要なのが、内野手の間を抜けたヒットで簡単に二塁走者の生還を許さない守備といえます。センター前に抜けた状況を例に、守備側の連携を学んでいきましょう。

　ボールが外野に抜けた瞬間に内野手のポジション移動が始まります。センター方向に打球が抜けた場合は、ピッチャーはキャッチャーのバックアップに入り、ファーストはホームへのカットプレイに備えた位置に、セカンドは一塁ベースに、サードは三塁ベースに、ショートは二塁ベースに入ります。レフト前、ライト前のケースでもこうした連携が自動的にできるまで練習を繰り返すことが、チームプレイの要です。

第5章
ケース7

OK 成功例

2 センターのバックホームをイメージしながら各野手が移動

5 余裕を持ってタッチアウト

3 二塁走者が三塁を回ったタイミングでバックホーム

4 ワンバウンドの正確なバックホーム

POINT

カットマンの判断は？

ここではカットに入ったファーストがカットプレイを行っていないが、「カット」「ノーカット」を指示するのは前を向いているキャッチャーの役目。カットマンに伝わるように大きな声で指示を出そう

カットに入ってもキャッチャーの指示があればボールをスルーする

チームプレイ
走者二塁からセンター前ヒットでバックホーム（中継あり）

走者二塁からセンター前にヒットが出た状況

❶

中断プレイで走者を刺す

　今度はカットプレイで走者を刺したケースを紹介します。外野手の肩が強くなかったり、キャッチャーへのバックホームが左右にそれそうなときに、外野手とキャッチャーの間に入って中継するのがカットマンの役割です。私達の部ではセンターからの返球のカットには肩が強いファーストが入ることにしていますが、チームによってはセカンドが入ったり、ショートが入ったりしてもOK。誰がカットに入るかによって他の野手との連携が変わってきます。「この打球だったらどうする？」という共通意識が生まれるまで、しっかり練習しましょう。いずれにしても、走者を二塁においたケースの練習はとくに念入りに行ってください。

第5章
ケース8

OK 成功例

2 センターはカットに入ったファーストに送球

3 二塁走者が三塁を回っているのを確認したらすぐにバックホーム

4 バックホームを見て打者走者は二塁へ

5 三塁走者をアウトにしたキャッチャー

6 打者走者を確認して間に合いそうなら二塁へ送球

POINT

間に合わなかったら打者走者を刺しにいく

タッチにもいけないようなタイミングのときは打者走者を二塁で刺しにいく

キャッチャーにはつねに冷静な状況判断が必要

チームプレイ
走者三塁から外野フライでバックホーム

バッターが打ったのは浅いセンターフライ

1

三塁走者を刺した成功例

ノーアウトやワンアウト三塁のケースで外野フライが上がったときは、三塁走者はタッチアップしてホームを狙ってきます。

写真は浅めのセンターフライを捕球してすぐにバックホームして走者をアウトにしたケースです。同じような状況でレフトフライのケース、ライトフライのケースもしっかり練習しておきましょう。

タッチアップの場合は、外野手が完全捕球してからでないと離塁ができません。守備側は走者の離塁が早くないか、必ずチェックしておきましょう。

第5章
ケース9

OK 成功例

2 三塁走者はタッチアップの準備。守備側はバックホームに備えてそれぞれカバーに入る

5 キャッチャーはホームベースをしっかりブロック

3 走者がスタートを切ったときにはピッチャーもキャッチャーのバックアップに入っているように

走者は打球を見て、タッチアップなのかハーフウェイなのか、ゴーなのかを速やかに判断しなければならない

POINT

二塁からのタッチアップ

走者二塁で三塁を狙うタッチアップを防ぐ練習も必ず行っておこう

4 バックホーム

ライトが三塁に送球。ピッチャーがサードのカバーに入る

チームプレイ
走者三塁からのヒットエンドラン

ノーアウトやワンアウトで走者三塁のケースをシミュレーション

三塁走者を還した成功例

　ノーアウト、もしくはワンアウトで走者三塁のケースは、攻撃側の得点チャンスです。守備側はホームでアウトにしたいので、内野も外野も前進守備をとってきます。ここでは攻撃側の「ヒットエンドラン」のケースをシュミレーションしましょう。

　これはバッターがゴロを打つのと同時に三塁走者がホームに突っ込む作戦です。塁間が狭いソフトボールでは確実にゴロを転がせばセーフになる可能性が高くなります。

　理想は、セカンドかショートに捕らせる打球を打つことです。OK例のように叩き付けた打球をセカンドに転がせば成功。ピッチャー前やサード、ファーストの正面に打つとアウトになる可能性が高くなるので、注意深いバッティングが必要です。

第 5 章
ケース10

OK 成功例

二遊間にボール
を転がす

2

キャッチャーは
一塁を指示

5

セカンドに捕らせ
ることができれば

3

ファーストはベー
スカバーに戻る

6

ホームに還っ
て来る時間
を稼げる

4

叩き付けたバッティングでセカンドに高いバウンドのゴロを打つのが理想。写真では、セカンドが捕球したタイミングでホームには間に合わないので、一塁に投げる。ファーストは打球をセカンドにまかせ、速やかにベースに戻り、打者走者をアウトにしている

チームプレイ
走者三塁からのヒットエンドラン

ノーアウトやワンアウトで走者三塁のケースをシミュレーション

三塁走者が刺された失敗例

走者三塁から「ヒットエンドラン」で得点する練習は必ず行います。このときの典型的なNG例が写真のパターンです。

ここで打ちたいのは「走者がホームインできる打球」です。理想はボールを叩き付けてセカンドかショートに捕らせて、その間に走者がホームに滑り込む展開です。しかし、このNG例のようにピッチャー（サード、ファーストも）にワンバウンドで捕られるような強い打球を打ってしまうと、すぐにホームに投げられてアウトになってしまいます。このような状況設定を行った練習では、本番の試合を想定して全力で行うように注意しましょう。

第5章
ケース11

NG 失敗例

② 二遊間に転がすつもりの打球が

③ ピッチャーの正面に

④ ピッチャーはバックホームして

⑤ 走者はタッチアウト

ピッチャーの正面に打ってしまうとホームでタッチアウトになりやすいので、打つ方向には注意しよう。ダブルプレーにならないように、バッターは全力で一塁を駆け抜けよう

POINT 適正に合わせる

走者三塁のケースではスクイズも考えられるが、ソフトボールは塁間が狭いのでサード、ファースト前のバントでは高い技術が求められる。打者によってはエンドランよりバントのほうが得意な人もいるので適正に合わせて選ぼう

バントの構えをした瞬間にサードとファーストがダッシュしてくる

チームプレイ
走者一・三塁からのカットプレイ

ノーアウトやワンアウトで走者一・三塁のケースをシミュレーション

❶

カットプレイの成功例

　ソフトボールは塁間が狭いので、走者一・三塁ケースからダブルスチールを仕掛けてくるチームが多くいます。それを阻止するのがセカンドがキャッチャーの送球をカットして三塁走者をホームで刺すプレイです。

　成功させるポイントは、キャッチャーとカットに入るセカンドの完璧な連携に尽きます。

　写真の成功例のように、キャッチャーがカットに入ったセカンドに正確なボールを投げることが大切です。うまくいくまで何度でも練習しておきましょう。

第5章
ケース12

一塁走者がスタート 2

走者の走路方向に投げるのが基本

5

キャッチャーはカットマンに送球 3

ボールを弾かれないようにしっかりとタッチ 6

カットマンがバックホーム 4

バッターが打たず、ボールがキャッチャーミットにおさまった瞬間にカットプレイにポジションを移動。ピッチャーは送球の邪魔にならないようにかがむ。セカンドは走者が走ってくる三塁側にバックホーム。キャッチャーはボールを弾かれないようにしっかりとブロックする。

チームプレイ
走者一・三塁からのカットプレイ

ノーアウトやワンアウトで走者一・三塁から一塁走者がスタート

①

カットプレイの失敗例

相手がダブルスチールを仕掛けてきたときに最悪なケースは、三塁走者の生還を許し、なおかつ一塁走者が二塁に生きてしまうパターンです。写真のケースがその展開的な例。これを防ぐために数多くの練習が必要です。

ミスが起こった原因はキャッチャーの送球が乱れ、セカンドがその球をカットできなかったこと。

このように各野手の連携がうまくいかないと簡単に得点を許してしまいます。日頃からキャッチボールなどで基礎技術を磨き、このようなミスを防げるようにしましょう。

第5章
ケース13

NG 失敗例

キャッチャーがセカンドベースに送球

2

三塁走者は余裕を持って生還。一塁走者もセーフ

5

キャッチャーがまっすぐに二塁ベースに投げると、カットに入ったセカンドは逆モーションになったり、ボールが捕れなかったりする。うまくいかないと思ったときは送球をやめて二、三塁にしてエラーを防ごう

ショートがセカンドに入る

3

POINT

優先順位を見極める

基本的には三塁走者をアウトにすることが最優先だが、点差があるときは、三塁走者でなく一塁走者を刺すことを優先する場合も。僅差のときには、一塁よりも三塁走者を優先。このように、状況に合わせて優先順位を見極める力が求められる

キャッチングした瞬間に三塁ランナーを見てけん制を入れることも大切

カットプレイの失敗がおこる

4

チームプレイ

ファーストのバント守備

バントを捕って三塁に送球

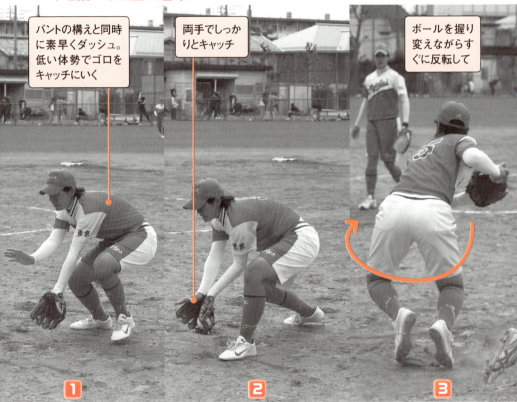

1. バントの構えと同時に素早くダッシュ。低い体勢でゴロをキャッチにいく
2. 両手でしっかりとキャッチ
3. ボールを握り変えながらすぐに反転して

ファーストのフィールディング

　アウトカウントをひとつ増やしたとしても、走者を次の塁に送る「送りバント」は重要な戦術です。

　逆にいうと、送りバントを簡単に許すようなチームは強くありません。そこで重要になるのが、バント守備。これをしっかりと鍛えてあるチームは強敵といえます。

　バント処理をするときの練習は、試合形式で行うほうが効果的です。そうすれば打者も守備側も試合と同じ状況で高い意識で行うことができます。

　最後に、ファーストとサードのバント守備の例を連続写真で紹介しておくので参考にしてください。

第5章

身体を割って投球姿勢に入る

サイドスローで素早く三塁に送球

POINT 一塁線に転がったバント処理

一塁線に転がったバントは、身体を反転しながらの捕球ではないと素早い送球につながらない。こうした身のこなしもしっかり練習しよう

この方向に身体を向けてキャッチ。右足を軸に身体をすぐに反転させる

チームプレイ
サードのバント守備

サードのフィールディング

180、181ページでは、サードが逆シングルでバントを処理したケースを紹介しましたが、一般的に多いのは身体の正面に転がったボールを処理するケースです。この写真のように強めのバントなら確実に走者を刺したいところです。

ポイントとなるのは、キャッチするときに、左足のつま先を斜め方向に向けている点。まっすぐに向けるといったん踏み替える必要がありますが、斜めにむけているとその時間を省略できてスムーズに身体を反転させることができます。ちょっとしたコツですが、こうした細かいテクニックを身に付けることが走者の進塁を阻むことにつながるのです。

第5章

捕球と同時にボールを握り変えて

反転した右足で地面をしっかり踏んで

サイドスローで三塁に送球

③ ④ ⑤

POINT ショートの3塁ベースカバー

ショートは走者一塁なら二塁ベースに、走者一、二塁なら三塁ベースに。写真のタイミングでベースカバーに入っていることが捕球ミスしないポイント

素早くベースに入って送球の的になるように

ソフトボールの用具等

補足として

　公式試合で使用できる用具にはルール上の規制が設けられています。ここで紹介しているのは「バット」と「ボール」についてのルールですが、この他にも「グラブとミット」、「スパイク」、「ヘルメット・マスク・プロテクター・レガース」、「ユニフォーム」についても明確な規則が設けられています。その詳細を記してあるのが『オフィシャルソフトボールルール』（公益財団法人日本ソフルボール協会）。選手ひとりひとりがルールに詳しくなるようにしましょう。

バット

- バットは、木材・金属・プラスチック・カーボンファイバー・カーボン・ガラス繊維・セラミックス・チタン合金あるいは複合材料でつくられたものである
- バットは丸い棒状であって、表面は滑らかで凸凹があってはならない
- バットには、コルク、テープ、または合成物質からなる安全グリップをつけなければならない
- 金属バットは、両端部分が密閉された一体構造でなければならない
- 握りの部分には安全ノブをつけなければならない
- フレアバット、コーンバット、フレア状あるいはコーン状のアタッチメントをつけたものは変造バットと見なされる
- バットは、公益財団法人日本ソフルボール協会のJSA検定マークが入っているものを使用しなければならない
- バットには、3号、2号、1号がある（3号にはゴム・皮ボール用バットとゴムボール用バットがある）

写真は3号のゴム・皮ボール用バット

第5章

ボール

- 球は公益財団法人日本ソフトボール協会のJSA検定マークが入っているものを使用しなければならない
- 球には3号、2号、1号がある。3号球は3号バットを使用しなければならない。2号球は2号バット、1号バットのどちらを使用してもよい。1号球は1号バット、2号バットのどちらを使用してもよい
- 大会で使用する球の号数と種類は公益財団法人日本ソフトボール協会で指定する

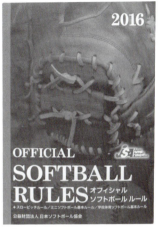

『オフィシャルソフトボールルール』
ソフトボールに関するすべてのルールを網羅した一冊

写真は3号球状ボール。重さは140グラム

監修：佐藤理恵
（東京女子体育大学ソフトボール部監督）

1980年8月14日生まれ。東京都出身。星野高〜東京女子体育大学〜レオパレス21を経て現在は東京女子体育大学講師・ソフトボール部監督。現役時代は「走・攻・守」三拍子そろった遊撃手として活躍。日本リーグでは2004年に打点王、2006年・2007年には2シーズン連続でベストナインに輝いている。また日本代表として、2004年のアテネオリンピックで銅メダル、2008年の北京オリンピックでは5番、一塁手として金メダルを獲得している。

東京女子体育大学ソフトボール部
〒186-8668
東京都国立市富士見台 4-30-1

1965年創部。東京都大学ソフトボール連盟1部所属。全日本大学選手権（インカレ）では、1968年の初優勝以来、2015年まで5連覇を含む15度の優勝に輝く大学女子ソフトボール界屈指の強豪。2016年度も春季リーグ優勝。16度目のインカレ制覇を目標に練習に取り組んでいる

STAFF

編集	井山編集堂
写真	田中研治
本文デザイン	上筋英彌・木寅美香（アップライン株式会社）
カバーデザイン	柿沼みさと

パーフェクトレッスンブック
ソフトボール　基本と戦術

監　修	佐藤理恵（さとうりえ）
発行者	岩野裕一
発行所	株式会社実業之日本社
	〒153-0044　東京都目黒区大橋1-5-1　クロスエアタワー8階
	［編集部］03(6809)0452　［販売部］03(6809)0495
	実業之日本社ホームページ　http://www.j-n.co.jp/
印　刷	大日本印刷株式会社
製本所	株式会社ブックアート

ⓒRie Sato 2016 Printed in Japan（第一スポーツ）
ISBN978-4-408-45598-3

落丁・乱丁はお取り替えいたします。

実業之日本社のプライバシーポリシー（個人情報の取り扱い）については上記ホームページをご覧下さい。
本書の一部あるいは全部を無断で複写・複製（コピー、スキャン、デジタル化等）・転載することは、法律で認められた場合を除き、禁じられています。また、購入者以外の第三者による本書のいかなる電子複製も一切認められておりません。